PSYCHO-PEDAGOGIE
DE LA LUCIDITE

DU MEME AUTEUR :

L'univers symbolique de l'enfant arriéré mental
Ed. Dessart et Mardaga, 1975.

J.-M. PAISSE

Psycho-pédagogie de la lucidité

DESSART ET MARDAGA, EDITEURS
2, GALERIE DES PRINCES, BRUXELLES

Quelque chose d'éternel demeure
en l'homme : son aptitude à mettre
le monde en question.

MALRAUX

L'homme, le rêve d'une ombre.

PINDARE

Etre ou ne pas être.

SHAKESPEARE

ACTUALITE DE SOCRATE

« Le passé philosophique n'est jamais dépassé » affirmait notre maître de philosophie !

Les penseurs grecs, en dépit de leur antiquité, peuvent encore nourrir — nous semble-t-il — notre propre réflexion, être à la source — toujours féconde — de notre démarche dialectique, nous fournir quelques points de repère très précieux dans nos affrontements aux contradictions, aux ambiguïtés, aux obscurités des « signes du temps » — le nôtre — si éloignés apparemment des structures économiques, politiques, psychologiques de la Grèce ancienne, si différents à première vue, des modes de vie, des idéaux et de la sensibilité du monde hellénique, celui plus précisément de Platon et de son maître Socrate.

L'héritage grec que d'aucuns voudraient rejeter, les uns fascinés par la technologie de notre XXᵉ siècle, les autres lui reprochant d'avoir été et d'être encore un outil de domination grâce auquel la classe bourgeoise n'en finit pas d'assurer son pouvoir à travers un élitisme culturel, entraînant l'aliénation économico-politique des classes laborieuses, cet héritage grec se présente à nous, enfoui sous d'innombrables gloses accumulées à son propos tout au long des siècles.

Ambivalentes, contradictoires, elles le défigurent et l'enrichissent tout à la fois. Nous y ajoutons les nôtres, ambitieuses et modestes, fidèles et déformantes...

Pourquoi ?...

Psychothérapeute, très sensible à la nécessité pour tout éducateur — sans oublier le psychologue ni le psychiatre... — de se remettre sans cesse en question, d'entreprendre un travail réflexif rigoureux et humblement poursuivi sur les mobiles inconscients de nos actes et de nos réactions, de nos tendances profondes, de nos options fondamentales, très sensible donc aux exigences de cet « examen de conscience » (qui ne se réduit pas à une introspection toujours fallacieuse), nous avons découvert avec un intérêt croissant ce que la pensée grecque — et plus précisément la réflexion platonicienne — avait élaboré voilà vingt-cinq siècles, à propos de cette mise à distance de l'être humain par rapport à lui-même, à propos de la nécessité pour lui de se passer pour ainsi dire, au crible d'une démarche dialectique dépourvue tout à la fois de secrète complaisance et d'obscur masochisme, démarche indispensable, répétons-le, pour qui se veut — ou se prétend — éducateur.

Le Socrate platonicien nous est dès lors apparu comme le premier de ceux qui, en Occident, avaient non seulement insisté sur l'inévitable obligation pour tout être humain (qui *se veut* tel...) de prendre conscience de ce qu'il est *exactement*, au-delà des apparences — masques et faux-fuyants —, mais avaient encore élaboré une méthode à cet effet, décelé les exigences, précisé les critères, reconnu les obstacles et les difficultés de cette tâche ardue, jamais achevée mais toujours obscurément remise en question, sous la menace sans cesse renaissante de l'échec d'autant plus redoutable qu'il peut ne pas être vécu comme tel, l'être humain s'abusant alors pour s'enfoncer plus profondément dans son attitude d'aveugle secrètement satisfait.

Le Socrate platonicien dans la mesure même où il affirmait *ne rien savoir* mais remplir uniquement un rôle d'*accoucheur* non certes des corps mais des esprits, en ce sens qu'il les aidait à prendre conscience d'eux-mêmes, à découvrir ce qu'ils désiraient, ce qu'ils redoutaient, au-delà des apparences, des tabous et des préjugés, ce Socrate platonicien dans la mesure où il n'avait rien d'un *autos éfè*, où il n'imposait aucun dogmatisme, où il ne se contentait pas de laisser à chacun la liberté d'*engendrer de belles pensées* mais tendait par son action dialectique à en favoriser l'éclosion, où il estimait qu'il fallait d'abord *bien poser* les problèmes avant de vouloir les résoudre dans la hâte et la confusion, convaincu que l'être humain est celui qui *s'interroge* et non celui qui, *péremptoire, affirme, croyant savoir et ne sachant pas*, ce Socrate platonicien ne pourrait-il apparaître — paradoxalement ?... — comme beaucoup plus moderne qu'un grand nombre de nos contemporains — y compris ceux-là même que l'on dit, qui se disent d'avant-garde ? Ne pourrait-il être *encore*, par delà vingt-cinq siècles, d'actualité ? Ne pourrait-il être celui qui, malgré tant de divergences culturelles, économiques, politiques entre son temps et le nôtre, serait susceptible de nous aider par sa méthode, si actuelle encore, à prendre progressivement conscience des ambiguïtés, des conflits, des mobiles — secrets et d'autant plus agissants — de nos attitudes personnelles intimement liées aux ambivalences, aux remous et aux contradictions des sociétés où nous vivons et dont nous dépendons ?

Pour notre part, nous le pensons.

Aux lecteurs, de nous donner — ou non — raison.

LE PLATONISME,
UNE PHILOSOPHIE PROBLEMATIQUE [1]

L'un des caractères les plus significatifs de la philosophie platonicienne est peut-être ce que l'on pourrait appeler son clair-obscur [2]. Source pour les commentateurs de difficultés

[1] M. le professeur P.-M. Schuhl a bien voulu lire ces pages en manuscrit. Je le remercie de ses remarques pénétrantes.

[2] Ce terme — que la pensée contemporaine a mis à la mode — pourrait paraître dangereusement anachronique si nous prétendions résumer sous ce vocable l'essence fondamentale du platonisme. Nous n'avons évidemment pas une telle intention. Nous ne désirons qu'exprimer ainsi une tendance de la pensée platonicienne. Celle-ci ne sacrifie guère au dogmatisme mais se révèle profondément consciente des difficultés de la recherche philosophique dans la mesure où, docile aux exigences d'une critique toujours en éveil, elle remet sans cesse sur le métier les résultats de ses investigations, les considère comme fondamentalement aléatoires ou partiels et n'ignore point les obstacles que rencontre la pensée lorsqu'elle désire exprimer ce qui lui semble être le vrai; dans la *Septième Lettre* qu'un grand nombre de commentateurs regardent comme authentique et qui est, de toute évidence au moins d'inspiration platonicienne, nous lisons en effet : « De moi (Platon), il n'existe et il n'y aura certainement jamais aucun ouvrage sur de pareils sujets (ceux qui me préoccupent). Il n'y a pas

et de malentendus, une semblable caractéristique donne à la pensée du disciple de Socrate une coloration certes étrange parmi les philosophies de l'Occident volontiers dogmatique, mais qui sans doute cerne de fort près la démarche de l'esprit en quête de la vérité, démarche non linéaire, tâtonnante et grosse d'incertitudes, démarche douloureuse et toujours inachevée dans la mesure où l'effort que l'intelligence consent pour surmonter un obstacle en engendre souvent un autre, plus insidieux encore. Dans cette perspective, la philosophie platonicienne acquiert une signification originale et peut apparaître comme une vivante illustration du cheminement pénible et tortueux de l'esprit aux prises avec les incohérences et les contradictions du réel.

La forme que revêtent les dialogues platoniciens constitue une première source d'incertitude et d'étonnement. Nulle apparence d'exposés continus, nulle trace de traités où la pensée s'exprime et se développe selon un ordre

moyen en effet de les mettre en formules comme on fait pour les autres sciences mais c'est quand on a longtemps fréquenté ces problèmes, quand on a vécu avec eux, que la vérité jaillit soudain dans l'âme comme la lumière jaillit de l'étincelle et ensuite croît d'elle-même... Si j'avais cru qu'on pût les écrire et les exprimer pour le peuple d'une manière suffisante, qu'aurais-je pu accomplir de plus beau en ma vie que de manifester une doctrine si salutaire aux hommes et de mettre en pleine lumière pour tous la vraie nature des choses ? » (341 CE).

Conscient des problèmes que pose le langage, Platon s'est toujours refusé à construire un système fondé sur un ensemble de formules rigides, incapable d'exprimer les subtilités, les nuances, les paradoxes et les contradictions de la réalité. Celle-ci, à ses yeux, ne se réduit pas aux mots qui prétendent la traduire.

Lorsque nous qualifions la pensée platonicienne de « claire-obscure », nous ne voulons pas dire autre chose. Nous ne pensons pas dès lors commettre le péché d'anachronisme, l'un des plus graves auxquels s'expose tout historien de la philosophie...

logique et rigoureux. Point de progression ou d'approfondissement de la doctrine clairement manifesté à travers les œuvres successives, point de style uniforme que l'on reconnaît aussitôt, mais une suite de comédies dont le ressort dramatique semble dominer l'analyse purement spéculative, mais une foule de personnages qui s'interrogent, se disputent, se trompent, se ravisent, rient ou se fâchent et voient s'opposer idées, doctrines, faits et mœurs sans pouvoir presque jamais se mettre d'accord, mais une œuvre où un homme énigmatique et discuté, Socrate, expose, amalgamées aux siennes, les pensées de l'auteur qui, tout au long de ses dialogues, ne se nomme qu'une seule fois pour signaler son absence lors d'une discussion... (*Phédon*, 59 B).

Les dialogues nous révèlent ainsi une foule de personnages fort divers et malicieusement dépeints. Ils nous brossent non sans doute un tableau exhaustif ou réellement impartial de la vie philosophique au temps de Platon, mais un ensemble de silhouettes éminemment suggestives où apparaissent, admirablement croqués, quelques penseurs de cette époque. Nous voyons, entre autres, Socrate pour qui la sagesse est d'abord un aveu d'ignorance, poser des questions insidieuses, jouer à l'ingénu, troubler ses interlocuteurs et les réfuter finalement, dévoilant ainsi son caractère énigmatique et contrasté, bien connu de ses contemporains : « Socrate, lui lance un de ses adversaires, j'avais appris par ouï-dire, avant même de te rencontrer, que tu ne faisais pas autre chose que trouver partout des difficultés et en faire trouver aux autres. En ce moment même, je le vois bien, par je ne sais quelle magie ou quelles drogues, par tes incantations, tu m'as si bien ensorcelé que j'ai la tête remplie de doutes. J'oserais dire, si tu me permets une plaisanterie, que tu me parais ressembler tout à fait à ce large poisson de mer qu'on appelle une torpille. Celle-ci engourdit aussitôt quiconque s'approche et la touche; tu m'as fait éprouver un effet semblable : oui, je me trouve réellement engourdi et incapable de te répondre. Cent fois pourtant, j'ai discouru sur la vertu devant des foules et toujours, je crois, à mon honneur. Mais aujourd'hui, impossible vraiment de dire ce qu'elle est. Tu as bien raison, crois-moi, de ne vouloir ni naviguer, ni voyager loin d'ici : dans une ville étrangère, avec une pareille conduite, tu ne serais pas long à être arrêté comme sorcier... » (*Menon*, 80 AB). A quoi Socrate rétorque : « Si l'on m'accuse de déformer la jeunesse en la mettant à la torture par mes questions, ou d'insulter les vieillards en tenant sur eux des propos sévères, je n'aurai selon toute apparence, qu'à subir mon destin... » (*Gorgias*, 522 AB).

Un autre personnage, le sophiste Prodicos, célèbre pour ses recherches de vocabulaire, s'attarde dans le *Protagoras* à préciser le sens des mots par de subtiles distinctions : « Pour moi, Protagoras et Socrate, je vous demande de céder à nos vœux et de discuter entre vous, mais non de disputer. Ce n'est pas la même chose, en effet : on discute entre amis avec bienveillance, mais on dispute entre rivaux et ennemis. Vous qui parlez, vous obtiendrez de nous, qui vous écoutons, notre approbation, je ne dis pas nos louanges : car l'approbation résulte d'un sentiment sincère tandis que la louange est l'expression fallacieuse d'une opinion qui se déguise... » (337 BC). Socrate nous le présente « couché, enveloppé de fourrures et de couvertures plutôt nombreuses », discourant d'une voix de basse qui rend ses paroles presque inaudibles (315 C - 316 A).

Un autre sophiste encore, Protagoras, apparaît dans le dialogue du même nom. Entouré d'une cour déférente,

« qu'il tient sous le charme de sa voix, tel un nouvel Orphée » [3], il se promène de long en large et discourt brillamment selon son habitude (328 D). Nous le surprenons soucieux de sa bonne renommée (317 AC) et fâché tout à coup de ce que Socrate le harcèle de ses questions insidieuses (333 E). Trop confiant en sa maîtrise dialectique pour admettre la possibilité d'une objection, il se montre peu enclin à poursuivre le dialogue au moment où il perçoit l'ironie du maître de Platon (335 B).

La même œuvre nous présente enfin un quatrième penseur de l'époque, Hippias, qui aborde un thème familier à la sophistique telle qu'il la conçoit : l'opposition entre la Convention et la Nature (337 D). Le sophiste d'Elis, assis sur un siège élevé, « son trône » selon l'expression socratique, disserte gravement sur les problèmes que ses disciples lui soumettent, et rend des arrêts que nul n'ose mettre en doute (315 A).

Platon n'a certes point l'intention de nous transmettre avec la plus grande fidélité possible la pensée de ses prédécesseurs ou de ses contemporains [4], mais il croit que

---

[3] L'on appréciera à sa juste valeur l'ironie de la comparaison...

[4] Quelle que soit la puissance suggestive de ces portraits (Platon est un maître dans l'art d'esquisser une silhouette...), nous ne savons pas dans quelle mesure ces personnages correspondent à la réalité historique. Tandis qu'Albert Rivaud écrit : « Platon peut être un portraitiste fidèle, il n'est pas un portraitiste impartial : Protagoras, Prodicos, Euthydème... et beaucoup d'autres, après avoir exposé leur pensée, se verront réfuter, tourner en ridicule, réduits au silence... « (« Platon, auteur dramatique », in *Revue d'Histoire de la Philosophie*, 1927, p. 135). Alfred Croiset affirme au contraire : « Dans les discours que Platon lui (Protagoras) prête, il y a de la force et de la beauté. C'est d'ailleurs un des mérites de Platon de ne pas diminuer arbitrairement ses adversaires, lorsqu'ils en valent la peine, en leur attribuant un langage indigne d'eux; le discours de Lysias, dans le *Phèdre*, n'est pas indigne de Lysias. Ceux de Protagoras sont dans le même cas. En outre, Protagoras

reconstituer les discussions de ces philosophes — discussions souvent confuses, tortueuses et toujours inachevées —, rappeler leurs diverses conceptions doctrinales — même en les critiquant — est une tâche utile dans la mesure où le lecteur peut saisir sur le vif les réflexions de chaque esprit au moment où elles jaillissent, au moment où elles s'opposent et se confrontent les unes aux autres. Ce faisant, Platon n'entend pas seulement constituer une galerie de portraits ironiques ou spirituels, il ne veut pas seulement monter en épingle les travers ou les manies de ceux qui formaient l'élite intellectuelle de son époque, mais il désire retourner aux sources de toute conception philosophique et en redécouvrir la genèse avec ce qu'elle a de foisonnant, d'imprévu et de contradictoire, avec ses erreurs et ses réussites, ses impasses et ses découvertes, ses partis-pris et son désir de vérité. La manière dont le disciple de Socrate reconstitue les discussions de ceux qu'il met en scène, nous incite à penser qu'il accorde autant, sinon plus, d'intérêt à la genèse et à la croissance de la réflexion philosophique qu'aux doctrines rigoureusement élaborées, purifiées de toute confusion et de toute incohérence. A ses yeux, indépendamment de ses résultats, toujours limités et aléatoires,

et Socrate n'apparaissent pas comme des adversaires intraitables : ils sont courtois l'un envers l'autre et se font des compliments qui ne sont pas tous ironiques. » (Introduction au *Protagoras*, Les Belles Lettres, p. 6.) Ainsi qu'on le voit, les opinions en ce domaine, ne sont pas entièrement concordantes. Néanmoins, Albert Rivaud caractérise, nous semble-t-il, très judicieusement le point-de-vue de Platon lorsqu'il écrit au sujet de Parménide : « Platon nous apprend non seulement ce que Parménide a dit, mais ce qu'il aurait dû dire s'il avait été lui-même jusqu'au bout. Or, ce procédé, c'est celui de l'auteur dramatique, c'est, d'une manière générale, celui de l'artiste dans la mesure où il s'efforce d'atteindre l'essence de ses modèles sous leurs apparences périssables : parti-pris de l'art grec, à la fois soucieux d'idéal et réaliste. » (A. Rivaud, *op. cit.*, p. 137.)

la discussion offre un intérêt considérable dans la mesure où elle dévoile les méandres de la recherche philosophique, dans la mesure où elle tâtonne, dévie, s'égare et découvre de nouvelles perspectives, sources de rebondissements dialectiques. Platon estime qu'il n'est pas nécessaire qu'une discussion, pour être intéressante, découvre une réponse au problème posé, il croit qu'une telle discussion peut se révéler extrêmement fructueuse quand bien même elle s'achèverait dans l'incertitude ou la contradiction : dans cette dernière hypothèse, il n'en reste pas moins en effet que les interlocuteurs ont longuement réfléchi, qu'ils ont confronté leurs idées et leurs opinions et qu'ils ont éprouvé à leurs dépens les embûches d'une recherche délicate, ils ne pourront, dans la suite, qu'en tirer un bénéfice indéniable : Socrate le reconnaît expressément quand il souligne dans le *Ménon* les avantages que l'esclave (qu'il y interroge) retire de la découverte de son ignorance : « Auparavant, déclare-t-il, ce jeune homme croyait posséder la science géométrique et répondait avec assurance, en homme qui sait, sans la moindre conscience des difficultés du problème que je lui soumettais. Maintenant, s'étant trompé, il éprouve un profond embarras et, s'il ne sait pas, du moins il ne pense plus être au fait de la géométrie. Ou je me trompe fort ou nous l'avons grandement aidé à découvrir où il en est vis-à-vis de la vérité. Crois-tu donc, en effet, qu'il eût été disposé à chercher et à apprendre une chose qu'il ne savait pas mais qu'il croyait savoir, avant de s'être senti profondément embarrassé par la découverte de son ignorance et d'avoir conçu le désir de connaître enfin la vérité ? Non sans doute. C'est pourquoi l'erreur qu'il vient de commettre lui est aussi salutaire et ne peut que l'inciter à poursuivre la recherche entreprise » (*Ménon*, 84 AC).

L'on ne s'étonnera donc plus de voir quelques dialogues

platoniciens se terminer sur un point d'interrogation. Soudainement interrompus, ces dialogues laissent le lecteur en suspens et leur épilogue ne contient aucun résumé, si bref soit-il, de la discussion. Les interlocuteurs se séparent tout à coup pour vaquer à leurs affaires après un échange de paroles qui ne laissait nullement prévoir ce dénouement soudain. Ils se fixent quelquefois un nouveau rendez-vous, mais négligent de préciser l'objet de leur prochaine entrevue. C'est ainsi que dans le *Théétète*, Socrate quitte ses deux interlocuteurs sur l'affirmation la plus laconique qui soit : « En toute cette recherche, dit-il, notre art maieutique n'a trouvé que du vent et rien qui mérite d'être mis en exergue... Pour l'instant, j'ai un rendez-vous obligatoire au Portique... » (210 BD). Il ne résume pas l'entretien, mais en tire un simple constat de carence. Il offre aux deux mathématiciens une nouvelle entrevue mais ne paraît pas y attacher une importance considérable. Dans l'*Euthyphron*, où la recherche porte sur la nature de la piété, la discussion s'achève plus brutalement encore : à une question de Socrate demandant au théologien Euthyphron ce qui est pieux et ce qui ne l'est pas, celui-ci soudain refuse de répondre. Il s'éloigne et le maître de Platon n'a plus qu'à se lamenter sur un départ que rien n'annonçait.

D'autres dialogues, tout en ne se terminant point d'une manière aussi abrupte, laissent cependant le lecteur sur sa faim. Tel est le cas, entre autres, du *Protagoras*. La conclusion de celui-ci ne manque point d'être étonnante : Socrate y retrace brièvement le chemin paradoxal que la discussion a suivi : « Or il me semble, déclare-t-il, que notre entretien, arrivé à son terme, devient comme notre accusateur et se moque de nous. S'il pouvait prendre la parole, il nous dirait : Vous êtes de plaisants personnages, Socrate et Protagoras; toi, Socrate, qui niais d'abord que la vertu pût s'enseigner, voici que tu t'acharnes à te contredire en démontrant que tout est science : la justice, la tempérance, le courage... ce qui est le plus sûr moyen de prouver que la vertu s'enseigne... D'autre part, Protagoras qui avait d'abord mis en exergue le fait qu'on pouvait l'enseigner, semble maintenant appliqué à se contredire, voyant en elle tout plutôt qu'une science, ce qui lui ôterait toute possibilité d'être enseignée... » (361 AB). Ainsi qu'on le voit, les interlocuteurs se séparent sans avoir résolu le problème envisagé; qui plus est, leur discussion a pris un tour paradoxal : Socrate et Protagoras, au moment d'interrompre leur dialogue, soutiennent chacun la thèse qu'ils combattaient auparavant, ils se sont dépris de leur propre conception pour adopter celle de leur interlocuteur, ce qui incite Socrate à déclarer que « devant ce bouleversement extraordinaire de toutes les idées », il leur faut retourner d'où ils étaient partis et examiner à nouveau si la vertu peut s'enseigner (361 C). Les analyses auxquelles ils se sont livrés tout au long de leur entretien, se sont révélées infructueuses : elles n'ont abouti qu'à montrer l'inexactitude de nombreuses conceptions de la vertu et à mettre en garde ceux qui croient pouvoir résoudre aisément ce problème.

Les conclusions du *Cratyle* ne sont pas plus certaines que celles du *Théétète*, de l'*Euthyphron* et du *Protagoras*. Ce dialogue pose la question de savoir s'il existe un rapport naturel, exact et précis entre les divers objets de la réalité et les noms qu'ils portent. Deux thèses s'affrontent : celle d'Hermogène pour qui les vocables ont une origine purement conventionnelle et celle de Cratyle qui soutient que les mots expriment l'essence des choses auxquelles ils s'appliquent. Socrate les repousse toutes deux : on ne peut affirmer, dit-il, que l'exactitude des noms soit une affaire exclusivement conventionnelle, on ne peut admettre l'idée que ces noms ne révèlent en aucune manière la nature des objets qu'ils qualifient. Mais on ne peut soutenir non plus que ces vocables dévoilent exactement l'essence profonde des choses. Devant ainsi rejeter ces deux thèses, Socrate reconnaît son embarras : « C'est là, je le crains, un point difficile à élucider, avoue-t-il, il te faut donc procéder à un examen dans les règles, en toute lucidité et sans rien admettre à la légère » (440 D). Sur ces mots qui remettent en question toutes les analyses du dialogue, le maître de Platon rompt l'entretien et encourage son jeune interlocuteur à prendre la route comme il en avait l'intention. « Eh bien, mon camarade, à une autre fois, lui dit-il. Aujourd'hui, comme tu en as fait les préparatifs, mets-toi en route pour la campagne. Voici Hermogène qui t'escortera » (440 E).

Certes, nous objectera-t-on, tous les dialogues platoniciens ne se terminent pas aussi négativement. Il en est, tels le *Phédon*, le *Phèdre* et d'autres encore, dont la conclusion se révèle riche d'idées aussi profondes qu'originales. Il n'en reste pas moins vrai que ces conceptions ne sont points exemptes d'obscurité; Platon ne les impose nullement au lecteur mais il les remet sans cesse en question et ne se prive pas de les passer au crible de son esprit le plus critique. Loin de vouloir construire une doctrine rigoureusement cohérente, loin de croire qu'une telle doctrine puisse dissiper le mystère du monde, il pense que la vérité est une tension entre divers principes apparemment contradictoires, principes qu'il faut unir en tentant de transcender — sans les nier ni les détruire — les oppositions que l'on découvre entre eux, tâche périlleuse s'il en est, toujours inachevée, mais qu'il importe de poursuivre sans relâche si l'on veut réellement atteindre la vérité. Pour preuve de ce que nous affirmons ici, ouvrons le *Parménide* [5]. L'un des premiers problèmes que ce dialogue aborde, est celui de l'existence ou de la négation de l'Un en tant que principe constitutif de la réalité. Si l'on affirme l'Un comme tel, l'on est contraint de lui reconnaître toutes les déterminations contradictoires, celles qui le font participer aussi bien à l'unité et à la multiplicité, à l'être et au devenir, qu'à l'immuabilité et à la versatilité : « L'Un lui-même, en ce détail où le fractionne l'être, est pluralité et infinie multiplicité... L'Un en soi est par là nécessairement unité et multiplicité simultanées... » (144 E). « Il est donc inévitable que l'Un, éternellement en soi et en autre, soit aussi éternellement immobile et mû » (146 A).

La brièveté de cette étude ne nous permet point d'entrer dans le détail des analyses qui mènent à ces conclusions mais nous pouvons en constater le paradoxe indéniable. Parménide les développe d'une manière rigoureuse et ses auditeurs ne peuvent qu'en reconnaître l'exactitude, quelles qu'en soient les conclusions étranges. Mais ce n'est point tout : en envisageant l'existence de l'Un, on ne lui attribue pas seulement toutes ces déterminations contradictoires, on se trouve aussi dans l'obligation de les lui refuser, à commencer par celle de l'Unité... « Si l'Un doit être un, il ne sera point un Tout, car celui-ci implique un ensemble de parties... Il n'aura point non plus ni commencement ni fin, ni milieu car de telles distinctions lui feraient des parties... Il ne sera donc ni droit, ni circulaire, mais à être tel, il ne sera nulle part... » (137 D; 139 B). Il ne pourra se mouvoir ou demeurer immobile, ne s'identifiera ni avec soi, ni avec

---

[5] Nous étudierons d'une manière plus approfondie cette question dans notre chapitre « Une métaphysique de la Relation ».

un autre, ne se différenciera ni de soi, ni d'un autre... En un mot, son existence entraînera l'affirmation et la négation simultanées de caractères contradictoires tels que l'être et l'apparaître, l'unité et la multiplicité, l'identité et l'altérité. Une double série d'antithèses se présente au moment où l'on tire les conséquences de l'affirmation de l'Un en tant que principe métaphysique; ces antinomies sont apparemment irréductibles, il importe néanmoins de les soutenir toutes d'un même mouvement de l'esprit. Certes, pour échapper à ces contradictions irritantes, l'on pourrait nier l'existence de l'Un. Mais les conséquences d'une telle conception seraient plus désastreuses encore : dans cette hypothèse, en effet, toute pensée deviendrait rigoureusement impossible, notre réflexion ne posséderait plus aucune table de référence, elle serait, en un mot, complètement déboussolée. Ainsi que le dit Parménide, en conclusion d'une suite d'analyses que nous avons étudiées ailleurs [6] : « Si l'on nie l'Un, si l'on n'affirme pas pour chaque réalité en tant que telle une forme stable, on ne saura plus où tourner sa pensée et on anéantira ainsi la vertu même de la dialectique » (135 BC). Au surplus, l'Un n'étant pas, ne possédera aucune détermination : « ce qui n'est point ne peut ni être, ni participer à l'être en aucune façon... » (163 C). Sa négation entraînera celle de l'Autre, principe ontologique qui ne peut exister, qui ne peut se définir sans l'Un (165 E). La pluralité de l'Autre devient impossible puisqu'une telle pluralité constitue un ensemble d'unités. En conséquence de quoi, « si l'Un n'est pas, rien n'est » (166 C). La négation de ce principe ontologique entraîne une négation radicale, négation de toute pensée comme de toute réalité. Devant un tel néant, on ne peut que rejeter

[6] Cf. note ci-dessus.

l'hypothèse qui en constitue la source et revenir à celle qui pose l'existence de l'Un avec toutes les contradictions et les antinomies qui en découlent.

Cette première hypothèse heurte sans doute l'esprit mais elle seule rend compte du réel, ce réel tout à la fois un et multiple, identique et autre, immuable et mobile, ce réel aussi proche de l'être que du néant, véritable entre-lac de principes ontologiques complémentaires l'un de l'autre (quoique apparemment contradictoires), tels que le *Sophiste* nous les montre : « Tantôt un principe unique déployé en tous sens à travers une pluralité d'autres principes dont chacun demeure distinct cependant, tantôt une pluralité de principes qu'un principe unique enveloppe de l'extérieur, tantôt ce principe unique répandu, sans y perdre son unité à travers une pluralité d'ensembles constitués d'autres principes, tantôt de nombreux principes absolument solitaires (253 D). Le réel constitue un ensemble de relations entre divers principes ontologiques dont les plus importants sont l'Être, le Même, l'Autre, l'Un et le Multiple. Ces principes, leurs rapports mutuels, posent de nombreux problèmes au métaphysicien et interdisent l'élaboration d'un système rigoureux, dépourvu de toute obscurité.

Si certains dialogues n'ont pas de conclusion, si d'autres révèlent une pensée qui se cherche et se corrige sans cesse, c'est qu'aux yeux du philosophe athénien, ils ne constituent nullement une œuvre fermée sur elle-même. Ils ne forment, dans son esprit, qu'un point de départ, qu'une esquisse, qu'une première approche des problèmes envisagés. Les analyses qu'ils entreprennent ne sont jamais complètes ou définitives. Leur rôle se limite à inciter le lecteur à poursuivre pour son propre compte les recherches entamées et à dialoguer avec lui-même. Cette position platonicienne ne peut nous étonner si nous nous souvenons de ce que déclare la *Septième Lettre* : les mots, affirme-t-elle, constituent un obstacle pour l'esprit : « aucun homme raisonnable ne se risquera à confier ses pensées à de tels instruments, surtout quand ils sont figés comme le sont les caractères écrits » (343 A). C'est pourquoi les dialogues ne peuvent constituer qu'une esquisse, toujours confuse et toujours insuffisante, de la réflexion philosophique. Ils ne peuvent être qu'un point de départ, assurément fort utile à l'esprit, mais qu'il importe de dépasser si l'on veut acquérir une connaissance plus exacte de la réalité. Pour s'en convaincre, il ne sera pas nécessaire d'entreprendre une analyse exhaustive de la pensée platonicienne; il suffira d'en éclairer, parmi d'autres, quelques aspects significatifs.

Un point que Platon ne cesse de mettre en exergue, c'est la distinction métaphysique du monde idéal et de l'univers sensible. Tandis que la nature du premier le rend parfait, éternel et inaltérable, celle du second le voue à la contingence, à la corruption et à la mort. Tandis que l'intelligibilité appartient au monde idéal, l'irrationnel est le signe de l'univers sensible. Tandis que le premier possède la stabilité de l'être, le second ne connaît que la versatilité du devenir. Platon oppose radicalement « ce qui a forme immuable, ce qui ne naît point, ce qui n'admet jamais en soi aucun élément venu d'ailleurs, ce qui ne se transforme jamais en autre chose, ce qui n'est perceptible ni par la vue, ni par un autre sens, ce qui est donné à l'intellect seul... » (*Timée*, 52 A) à « ce qui est humain, mortel, non intelligible, ce dont la forme est multiple et qui est sujet à se dissoudre, ce qui jamais ne demeure identique à soi-même... » (*Phédon*, 80 B). Ces deux univers n'ont rien qui les rapproche, ils demeurent parfaitement incompatibles; les éléments qui les constituent se contredisent radicalement. L'âme humaine dont le *Phédon* (80 D) souligne l'intime parenté qui l'unit au monde idéal, doit se distinguer absolument du corps si elle désire conserver sa pureté ontologique : à la mort de l'homme, déclare Socrate, « l'âme qui a bien vécu durant son incarnation n'entraîne rien de corporel, car loin d'avoir eu avec son enveloppe charnelle, au cours de sa vie terrestre, un commerce volontaire, elle est parvenue, en le fuyant, à se ramasser sur elle-même, en elle-même, et elle s'y est toujours exercée » (*Phédon*, 80 E). Elle a toujours eu soin de se préserver, autant que faire se pouvait, de la « divagation, de la déraison, des terreurs, des amours sauvages et de tous les autres maux de la condition humaine » (*Phédon*, 80 E). Elle s'est toujours attachée à user de la seule pensée en prenant garde de ne recourir, dans cette action, ni à la vue, ni à un quelconque des autres sens, elle s'est toujours efforcée, par la pureté de son raisonnement, de découvrir l'essence des réalités véritables qui n'ont rien de corporel, mais appartiennent à l'Etre. En conséquence, elle les rejoindra, aussitôt séparée du corps, et les connaîtra intimement, en elle-même et par elle-même (*Phédon*, 66 A; 67 A).

Mais Platon, en d'autres textes, tempère considérablement ce dualisme métaphysique et psychologique. Socrate n'affirme-t-il pas dans le *Phédon*, « le Beau est ce qui rend belles toutes les belles choses » (100 D) et encore « ce qui est le plus grand n'est en aucun cas plus grand par rien d'autre que par une grandeur, c'est-à-dire que ce qui fait qu'il est plus grand, c'est la Grandeur; tandis que ce qui est plus petit n'est plus petit par rien d'autre que par une petitesse, c'est-à-dire que ce qui fait qu'il est plus petit, c'est la Petitesse » (100 D). Ainsi, le Beau, le Grand, le Petit, Idées dont l'essence est d'être éternelles, immuables et immatérielles, constituent les sources de la beauté, de la grandeur et de la petitesse de chacun des objets sensibles.

Ces objets ne pourraient être ni beaux, ni grands, ni petits s'il n'existait point un lien entre eux et les Idées de Beauté, de Grandeur et de Petitesse. Au surplus, si l'esprit ne pouvait découvrir ce lien, s'il ne pouvait reconnaître entre ces Idées et les objets sensibles certains rapports de similitude, il ne pourrait comprendre pourquoi de tels objets sont beaux, grands ou petits, il demeurerait incapable d'affirmer leur beauté, leur grandeur ou leur petitesse. C'est ce que Socrate souligne, à propos d'une autre Idée, celle de l'Egal en soi. Il nous montre fort clairement les rapports d'immanence et de transcendance existant entre l'Egal idéal et les égalités sensibles. Les objets matériels nous resteraient incompréhensibles en tant qu'ils sont égaux si nous n'avions point une connaissance préalable de l'Egal en soi qui seul fonde et explique leur égalité concrète : « Certes, reconnaît Socrate, il n'y a point identité entre cette égalité sensible et l'Egal en soi » (la première est soumise aux imperfections du devenir tandis que le second appartient à l'Etre, souverainement intelligible et parfait), mais nous ne pourrions découvrir et affirmer l'égalité matérielle si nous ne pouvions la rapporter à une réalité libérée de toute sujétion sensible, réalité purement spirituelle qui explicite et unifie les égalités concrètes, quelles que soient leurs distinctions, quelle que soit leur apparente hétérogénéité. La connaissance de l'Egal en soi (quoique cette Idée demeure toujours transcendante) nous permet de percevoir les égalités sensibles et nous montre « que c'est à toutes leur envie d'être telles qu'est l'Egal en soi, bien qu'elles lui demeurent cependant toujours inférieures » (*Phédon*, 74 C; 75 B) [7].

Ainsi, Platon nous affirme que l'Idée, tout en étant

---

[7] Voir sur ce sujet notre article : « Le thème de la Réminiscence dans les Dialogues de Platon », in *les Etudes classiques,* tome XXXIII, pp. 225-252 (n° 3) et pp. 377-400 (n° 4), 1965.

transcendante à l'univers sensible, entretient néanmoins certains rapports avec les objets matériels et s'y trouve présente en quelque manière. Le devenir perdrait toute consistance et deviendrait confusion pure s'il n'était un reflet — certes imparfait — des Idées. Socrate déclare, non sans humour : « Oui, qu'on me donne pour raison de la beauté d'une telle chose : ou l'éclat de sa couleur, ou sa forme, ou quoi que ce soit d'analogue, autant d'explications auxquelles je dis bonsoir, pareillement troublé en toutes. Cette raison-ci, au contraire, avec une simplicité naïve, sotte peut-être, moi, j'en fais mon affaire, me disant que la beauté de cette chose n'est produite par rien d'autre sinon par une présence du Beau en question ou encore par une communication, soit enfin par telles voies et tels moyens que comporte cette corrélation. Sur ce dernier point, en effet, je ne prends pas jusqu'à présent fermement parti, mais bien sur celui-ci que la Beauté idéale est ce qui rend belles toutes les belles choses... En m'attachant à ce principe, j'estime ne plus risquer de faux-pas... » (*Phédon*, 100 D).

On le voit, alors que certains textes platoniciens établissent une distinction radicale entre l'univers des Idées et le monde sensible, alors qu'ils maintiennent entre eux une opposition ontologique fondamentale, d'autres passages des dialogues soulignent les relations que ces deux univers entretiennent : relations de présence et de causalité, de similitude et d'analogie entre le monde idéal et les objets sensibles. Une incertitude — sinon une contradiction — imprègne, en ce domaine, la pensée platonicienne. Le philosophe athénien en est le premier convaincu, lui qui reconnaît dans le *Parménide* et le *Philèbe* ce qu'il y a de peu satisfaisant dans l'affirmation simultanée de la transcendance et de l'immanence des Idées par rapport à l'univers sensible : « Une controverse naît à propos de savoir en premier lieu, s'il faut admettre que de telles unités (les Idées) ont une existence réelle, et puis comment chacune d'elles, éternellement identique et soustraite à la naissance comme à la mort, peut garder, en son tout, cette unité inébranlable, encore que, après cela, on la doive poser dans les choses qui deviennent et dans leur infinité, soit comme dispersée et multipliée, soit ce qui paraîtrait la supposition la plus inadmissible de toutes, comme tout entière coupée d'elle-même et se réalisant ainsi, unique et identique, à la fois dans l'unité et la multiplicité » (*Philèbe*, 15 B).

Le problème se trouve posé dans toute son acuité : l'Idée, principe unique et intelligible, peut-elle sauvegarder son unité et sa transcendance dans l'hypothèse où elle participe à la multiplicité du devenir ? Demeure-t-elle immuable et indivisible dans l'hypothèse où elle se trouve répandue au sein de l'infinité sensible ? En d'autres termes, l'univers matériel est-il une copie (dégradée) du monde idéal ? Y a-t-il une présence diffuse de la Forme intelligible au cœur des objets qui tombent sous nos sens ? Si oui, l'Idée demeure-t-elle transcendante ? Si non, est-elle connaissable ? (*Parménide*, 133 B). Autant de questions délicates que Platon se pose mais auxquelles il ne répond guère : unité ? multiplicité ? transcendance ? immanence ? monisme ? dualisme ? Le disciple de Socrate hésite, tâtonne et s'avoue impuissant à trancher. Qui plus est, la notion même de participation, au moment où le philosophe athénien y recourt, ne manque pas d'ambiguïté : tantôt, elle lui apparaît comme une présence de l'universel dans le particulier (« la beauté est ce qui rend belles toutes les belles choses »), tantôt, elle constitue une relation du Parfait et de l'Imparfait (les vertus telles que la modération, la justice et le courage consistent en une réalité qui, présente au cœur de nos passions terrestres, les élève et les purifie… : *Phédon*, 69 B), tantôt, elle est, sur le plan moral, un processus d'assimilation au divin (« Il faut, d'ici-bas vers là-haut, s'évader au plus vite. L'évasion, c'est s'assimiler à Dieu dans la mesure du possible : or, on s'assimile en devenant juste et saint dans la clarté de l'esprit » : *Théétète*, 176 B). D'autres définitions pourraient encore être données, toutes illustreraient la polyvalence de cette notion et les tâtonnements du philosophe athénien [8].

Ce problème fondamental n'est qu'un exemple parmi d'autres, des difficultés de la pensée platonicienne, mais il suffit, nous semble-t-il, à illustrer ce que nous voulons dire : observateur attentif des coutumes humaines, métaphysicien subtil, le disciple de Socrate dévoile trop clairement les complexités du réel — celles de l'homme comme celles du monde — pour préférer la précision abstraite d'une doctrine rigoureuse au clair-obscur d'une pensée dont la vocation, pourrait-on dire, est d'exprimer les multiples aspects — parfois apparemment contradictoires — de la réalité profonde. C'est par souci de cerner au plus près ce que sont l'homme et l'univers qui l'entoure que Platon a, nous semble-t-il, délibérément accepté ce que nous pourrions nommer les obscurités de sa philosophie. C'est son amour de la vérité qui l'a induit à remettre sans cesse tout en question, à ne se satisfaire jamais d'une idée avant de l'avoir soumise à la critique la plus rigoureuse.

L'on voit donc tout de suite ce qui distingue Platon des sceptiques tels qu'Arcésilas, Carnéade ou Pyrrhon. Ces philosophes ne pensent pas qu'une connaissance de la

---

[8] Nous avons étudié ce problème d'une manière plus approfondie dans un article intitulé « L'Idéalisme platonicien » (*Revue Philosophique*, janvier-mars 1970, n° 1, pp. 25-65).

réalité soit possible, ils « suspendent leur jugement » et n'entreprennent qu'une analyse corrosive (mais combien pénétrante, parfois...) des diverses doctrines en faveur à leur époque. Ils en dévoilent les failles et les contradictions, les incohérences et les partis-pris, ils en éclairent les erreurs et les postulats. Platon, loin de leur ressembler, nourrit la passion du vrai : loin de prétendre qu'il est inaccessible à l'esprit, il en fait la récompense suprême de l'âme qui a consenti l'effort nécessaire pour en surmonter les difficultés d'approche. Les obscurités du penseur athénien ne témoignent que de son humilité philosophique; elles révèlent que Platon n'ignore point ce qui constitue le propre de la pensée humaine : il sait qu'elle est une création — perpétuellement rejaillissante — de l'esprit, création intimement unie à l'existence de l'homme, à ses angoisses, à ses joies, à ses échecs et à ses réussites. C'est pourquoi nous le voyons s'attacher autant sinon davantage à la genèse des conceptions philosophiques plutôt qu'à leur expression dogmatique, à la méthode plutôt qu'au résultat. Il connaît la progression tortueuse de l'intelligence, il connaît ses tergiversations, ses reculs, ses lâchetés, sa paresse, il connaît les impasses où elle s'engage trop souvent, les cercles vicieux où elle s'enferme malgré qu'elle en ait, il connaît en un mot la situation inconfortable de l'homme à qui une lucidité courageuse fait si fréquemment défaut, et qui est toujours prêt à succomber aux mirages de son imagination et aux préjugés du milieu social où il vit. Sans acrimonie, avec une sagacité ironique, Platon exerce au travers des discussions qui, parfois, n'aboutissent apparemment nulle part, une action précieuse : un esprit critique, aussi fin qu'avisé, passe au crible de ses exigences les plus rigoureuses chaque opinion émise. Il guide ainsi la réflexion du lecteur et l'encourage à poursuivre la recherche, sitôt le dialogue terminé. Comme l'écrit Aloïs de Marignac, « il le prend par la main, lui montre la bonne direction, accomplit une partie de l'étape avec lui et, chemin faisant, le rend ou tente de le rendre intelligent, apte à comprendre par lui-même ce qui ne peut être le fruit que d'un lent et patient travail : l'intuition de la Vérité est affaire individuelle, par là-même incommunicable »[9]. Fidèle aux leçons de son maître, Platon sait qu'en toute méditation philosophique la méthode de recherche importe autant, pourrait-on dire, que les découvertes qu'elle permet, découvertes toujours partielles et sujettes à caution. Il sait que seule une méthode rigoureusement appliquée s'avère efficace. Elle pose les problèmes avec acuité, en clarifie les données, en réduit les contradictions apparentes. Elle en élimine les éléments étrangers, sources de confusions et de malentendus. Elle détruit les hypothèses stériles et en engendre de nouvelles, fruit d'une étude à la fois humble et rigoureuse. Par là-même, elle réduit autant que faire se peut, le risque de solutions erronées, ou en dévoile les lacunes. Elle constitue une discipline grâce à laquelle l'homme, se pliant aux exigences d'un raisonnement qui ne doit rien à la fantaisie ou à la passion, se purifie de ses préjugés, de ses sophismes et de sa « bonne conscience »[10]. Elle le libère de ce relativisme si cher à ceux que Socrate condamne avec tant de vigueur : loin d'affirmer que « chaque individu est la mesure de toutes choses », selon l'expression de Protagoras, le maître de Platon déclare dans la *République* que l'éducation ne

[9] A. de Marignac, *Imagination et Dialectique*, Paris, 1950, p. 134.
[10] Socrate, dans le *Ménon*, nous donne un excellent exemple de cette « bonne conscience » lorsqu'il déclare, au cours de son entretien avec un jeune serviteur, « ... d'abord, sans savoir quel est le côté du carré de huit pieds, ce qu'il ignore d'ailleurs encore, il croyait pourtant le savoir et répondait avec assurance en homme qui sait, n'ayant aucun sentiment de la difficulté... » (84 A).

consiste point en la possibilité pour l'esprit de se créer une
« vérité » particulière et autonome, libérée de toute sujétion
à la réalité extérieure, mais qu'elle est une conversion,
humble et totale, de cet esprit à la Vérité, une et intelligible (518 B). C'est pourquoi il oppose un refus catégorique
et presque scandalisé à Protagoras lorsque celui-ci déclare
avec tout le scepticisme du sophiste : « Si tu le désires,
admettons que la justice soit sainte et la sainteté juste »
(*Protagoras*, 331 C). Socrate n'accepte pas que l'exactitude
ou la fausseté d'une allégation dépende du bon plaisir d'un
esprit, si bien doué soit-il : « Ce n'est point pour les
formules ″ si tu le désires ″, ″ si cela te plaît ″ que je
réclame une démonstration, proteste-t-il (*Protagoras*,
331 C), peu nous importent les personnes, c'est la vérité
que nous cherchons » (*Sophiste*, 246 D). Ce faisant, le
maître de Platon défend l'objectivité de la connaissance
humaine ainsi que nous l'apprend la *République*, le Bien,
« pôle et moteur de la science platonicienne » [11], lumière
du monde intelligible comme le soleil l'est de l'univers
terrestre (508 A), sommet de la hiérarchie idéale, constitue
ce qui amène l'homme à la découverte de la vérité : « Si
nous ne le connaissions pas, déclare Socrate, connussions-
nous tout ce qui est en dehors de nous aussi parfaitement
que possible, cela ne nous servira à rien, de même que sans
la possession du Bien, celle de tout autre quel qu'il soit,
est inutile... L'Idée du Bien est l'objet de la science la plus
haute et c'est d'elle que la justice et les autres vertus tirent
leur utilité et leurs avantages... Ce qui communique la
vérité aux objets de science et à l'esprit la faculté de les
connaître n'est autre que l'Idée du Bien » (504 A; 508 E).

Platon croit que la vérité se découvre à l'esprit au terme

---

[11] A. Dies, *Autour de Platon*, Paris, tome 2, p. 489.

d'un long effort, d'une lente et courageuse progression, il croit qu'une telle conquête n'est jamais achevée, qu'il reste toujours un bout de chemin à parcourir et que la vérité, en définitive, nous est suggérée plutôt que donnée : « La science dialectique, nous confie-t-il, est d'une pratique arduc, cctte discipline qui nous fait découvrir le monde idéal, m'a déjà bien souvent laissé sans guide et sans issue... » (*Philèbe*, 16 BC). Le cœur de la réalité intelligible demeure un mystère pour l'esprit incarné : ainsi que nous le déclare le *Timée*, nous devons en cette matière nous contenter de vraisemblances, car nous ne sommes que des hommes... « Seul un Dieu connaît le secret de la réalité, seul il sait comment on peut mêler en un même tout pour les dissocier ensuite, des éléments divers... » (29 D; 68 D). La réalité métaphysique témoigne, aux yeux du philosophe athénien, d'une telle complexité que nous ne pouvons la comprendre vraiment, tant que nous demeurons captifs de notre enveloppe charnelle; elle constitue une tension, étroite autant que paradoxale, entre divers principes formant un ensemble qu'il importe de ne pas détruire, quelles que soient ses contradictions internes, quelle que soit son hétérogénéité apparente; il faut à la fois unifier et distinguer, affirmer et nier ce qui constitue ses antinomies, tâche assurément délicate mais à laquelle l'esprit doit s'attacher s'il veut réellement faire œuvre de connaissance [12].

La philosophie platonicienne nous apparaît ainsi comme une parfaite illustration de la démarche humaine : lorsqu'elle recrée sous nos yeux les méditations d'un chacun dans ce qu'elles ont de jaillissant, d'imprévu et de désordonné, lorsqu'elle confronte idées et doctrines, lorsqu'elle

---

[12] Nous nous permettons, une fois de plus, de renvoyer le lecteur à notre chapitre déjà cité, « Une métaphysique de la Relation ».

s'achève sur un point d'interrogation, c'est alors qu'elle nous apparaît vraiment féconde et durable, grosse de méditations qu'elle n'a point toujours développées, qu'elle n'a point soupçonnées peut-être, mais qui jamais n'auraient pu naître ensuite sans son inspiration première.

La pensée platonicienne propose plutôt qu'elle n'impose, suggère plutôt qu'elle n'affirme. Elle demeure par là éternellement jeune et riche de promesses qu'il nous suffit de découvrir pour autant que nous sachions les mériter, en nous soumettant à cette ascèse intellectuelle et morale que Platon recommande aux « Amis de la Vérité »...

UNE METAPHYSIQUE DE LA RELATION

Quiconque pénètre au cœur de la métaphysique platonicienne découvre bientôt l'une des conceptions les plus
originales peut-être de la pensée du disciple de Socrate : à
ses yeux, la réalité première ne se fonde point sur un
principe absolu qui en unifierait les divers aspects, mais
elle constitue la résultante d'un ensemble de rapports entre
quelques éléments primitifs, complémentaires les uns des
autres quoique réellement hétérogènes [1]. L'être de l'homme

---

[1] L'idée du Bien pourrait assurément apparaître dans la philosophie platonicienne comme un principe absolu sur qui reposent
et d'où découlent toutes choses : ne lisons-nous point en effet dans
la *République* : « ce qui communique la vérité aux objets connaissables et à l'esprit la faculté de connaître, tiens pour assuré
(déclare Socrate) que c'est l'Idée du Bien, dis-toi qu'elle est la
cause de la science et de la vérité en tant qu'elles sont connues,
mais quelles que belles qu'elles soient toutes deux — cette science
et cette vérité — crois que l'Idée du Bien en est distincte et tu
ne te tromperas pas. » (508 E).
De même que dans l'allégorie de la caverne, le soleil (symbole
du Bien) donne aux objets sensibles la faculté d'être et de croître,

« de même pour les objets connaissables, tu avoueras (ajoute Socrate) qu'ils tiennent du Bien non seulement la faculté d'être connus mais qu'ils lui doivent par surcroît l'existence et l'essence, quoique le Bien ne soit pas une essence mais quelque chose qui dépasse de loin l'essence en majesté et en puissance. » (509 B).

Un peu plus haut, le maître de Platon avait déclaré : « Si nous ne connaissons pas cette Idée (du Bien), connussions-nous tout ce qui est en dehors d'elle aussi parfaitement qu'il est possible, cela, tu le sais, ne nous servira à rien, de même que sans la possession du Bien, celle de toute autre chose nous est inutile. » (505 AB).

Il n'est pas nécessaire de commenter semblables textes : l'Idée du Bien y apparaît en toute évidence comme le principe et la clef de voûte de l'univers entier, comme la source et la fin de ce qui existe.

Nous osons cependant maintenir la conception en quelque sorte pluraliste de la métaphysique platonicienne telle que nous tentons de l'exposer en cette brève étude. L'Idée du Bien, toute puissante qu'elle puisse être, ne se situe en effet qu'au sommet d'une hiérarchie; d'autres entités existent, qui lui sont assurément soumises mais qui n'en constituent pas moins l'univers idéal dont N. I. Boussoulas a si judicieusement souligné les rapports complexes : « Tout, dans la doctrine platonicienne de la dernière période, est un mixte sauf l'Un ou le Bien... (p. 404). Toute la série aux termes infinis (des Idées les plus hautes aux réalités inférieures) que nous avons constituée, ne fait autre chose, au fond, que tenter de l'imiter, que tendre à s'identifier et à coïncider avec lui (le Bien). Il y a ainsi un mouvement continu d'information et d'organisation mais qui, au fur et à mesure que l'on s'éloigne du Bien, devient de plus en plus lâche et réalise des combinaisons s'écartant indéfiniment de la simplicité, de la pureté et de la perfection... Le monde sensible se résoud en dernière analyse en un système complexe et enchevêtré d'Idées... (p. 412). Dans le « *Parménide,* ce que l'Un est par rapport aux Idées, celles-ci le sont par rapport au « devenir. » (p. 423). (N. I. Boussoulas, « Notes sur la dernière doctrine platonicienne », in *Bulletin de l'Association Guillaume Budé,* suppl. « Lettres d'Humanité », tome XXII, n° 4, décembre 1963, p. 404-436).

Un principe fondamental existe assurément et c'est le Bien, mais il n'est, si l'on ose dire, que le modèle dont s'inspirent d'autres réalités (principalement idéales) que nous ne pouvons méconnaître. Elles jouent, chacune en son domaine, un rôle indéniable et n'en constituent pas moins la réalité profonde. C'est pourquoi il nous semble qu'affirmer un certain pluralisme métaphysique ne conduit nullement à trahir l'intuition fondamentale du platonisme...

et du monde se révèle profondément complexe. Ambiguïtés et paradoxes, oppositions et discords foisonnent. L'esprit se montre impuissant à les réduire. Il s'étonne, se démène, échafaude les raisonnements les plus déliés, les doctrines les plus subtiles, mais ne peut vaincre, malgré qu'il en ait, les incohérences et les contradictions d'une réalité qui lui échappe toujours. Quand il semble les surmonter, quand il bâtit une métaphysique centrée sur un principe unificateur, ce n'est — le plus souvent — qu'au prix de multiples sophismes (d'autant plus redoutables qu'ils se dissimulent mieux...), ce n'est qu'au prix d'une trahison envers la réalité profonde dont il méconnaît alors certains des aspects les plus fondamentaux, aspects que l'on ne peut cependant négliger sous peine d'aboutir à une caricature de ce que l'esprit prétend décrire avec fidélité. Cela ne peut surprendre dans la mesure où l'homme oublie qu'il scrute un univers dont les composantes, par leur nature même, ne peuvent se réduire à un petit nombre d'éléments aisément unifiables. Ces composantes dont les relations constituent la réalité profonde, n'acquièrent une signification que dans leurs rapports mutuels; considérées en elles-mêmes, indépendamment de leurs liens réciproques, elles ne sont d'aucune utilité à l'esprit qui tente, en les scrutant, de bâtir une métaphysique qui rende raison de la réalité fondamentale. Elles ne peuvent que l'induire en erreur s'il s'avise d'en ériger une en principe absolu et de négliger par là-même celles qui constituent avec elle le substrat de toutes choses[2].

---

[2] On pourrait certes estimer qu'une telle conception de la philosophie platonicienne est anachronique dans la mesure où elle projette sur la pensée du disciple de Socrate   certains thèmes, certaines intuitions, chers à la philosophie moderne : complexité — ambiguë et paradoxale — de l'univers, relativité fondamentale du monde et de l'homme. Il nous semble néanmoins qu'une semblable objection ne peut se défendre. L'analyse à laquelle

C'est ce que Platon a bien compris et c'est ce qu'il évite au moment d'élaborer ses dialogues du *Parménide*, du *Sophiste* et du *Philèbe*.

Il est généralement admis que le *Parménide* constitue l'une des critiques les plus vigoureuses de la pensée platonicienne. Le philosophe athénien, après avoir tenté dans ses premiers dialogues de concilier les doctrines d'Héraclite et de Parménide, opère un retour en arrière : il soumet au crible de son esprit le plus critique ce qu'il a si longuement conçu au cours de ses méditations antérieures, il accueille

nous avons soumis les dialogues platoniciens s'est toujours efforcée de ne point dénaturer les textes, de ne point y voir autre chose que Platon n'y a mis. Multipliant citations et références, elle s'est toujours gardée de les entourer d'une glose abusive. Si dès lors certaines similitudes se révèlent entre la pensée platonicienne et la philosophie contemporaine, il ne faut y voir qu'une réelle convergence d'inspiration et non point un quelconque anachronisme dont se serait rendu coupable le commentateur — encore que celui-ci, malgré qu'il en ait, nous le savons fort bien, déforme peu ou prou la pensée du maître... — Au surplus — et pour notre excuse —, n'est-il pas légitime de lire et de comprendre (nous osons, du moins, l'espérer...) l'un des plus grands philosophes occidentaux à la lumière ou dans la perspective de la pensée actuelle ? Une telle lecture, une telle compréhension n'impliquent point nécessairement une trahison du penseur que l'on étudie; le danger existe à coup sûr, l'on y succombe parfois, mais il n'est point, si l'on ose dire, fatal... Une certaine prudence, fondée sur le profond désir d'être objectif, l'écarte ou le surmonte...

Qui plus est, n'est-ce point une preuve de richesse et de pénétration philosophiques que de donner ainsi matière à interprétation peut-être audacieuse (dans la mesure où elle se rattache à certaines intuitions nouvelles, fort éloignées à coup sûr du philosophe que l'on étudie) interprétation non moins féconde cependant si elle permet au lecteur moderne de comprendre sous un jour nouveau mais qui lui est très proche une pensée ancienne qui lui révèle tout à coup certains aspects jusqu'alors méconnus ? Cela ne l'empêche point de respecter le caractère du philosophe et d'en apercevoir l'indéniable originalité : ce penseur demeure de son temps et non du nôtre : il serait inopportun de pousser trop avant ce qui le rapproche de notre problématique.

toutes les objections et donne la parole à d'éloquents contradicteurs. Fidèle à sa méthode de remettre sans cesse tout
en question et de ne se satisfaire jamais d'une réponse, si
définitive qu'elle puisse paraître, il entreprend une révision
radicale de ses conceptions ontologiques et se met en devoir
d'élaborer une critique serrée de ce qui lui tenait auparavant le plus à cœur. Ainsi que le déclare Jean Wahl, « le
Parménide marque une crise dans la philosophie platonicienne [3]. » Il en constitue un tournant essentiel. C'est
pourquoi négliger cet examen de conscience, croire qu'il
ne s'agit là que d'un exercice dialectique sans signification
précise, nous semble peu raisonnable. Une telle attitude
révèle une totale méconnaissance de l'esprit platonicien que
l'on ne peut jamais suspecter de dogmatisme, cet esprit
toujours prêt à réviser ce qu'il vient de découvrir et de
concevoir. Il ne faut cependant point admettre l'idée que
Platon abandonne en ce dialogue ce qu'il a si profondément
élaboré dans le *Phédon*, le *Phèdre*, le *Banquet* ou la
République, œuvres d'une richesse indéniable où l'on
retrouve le cœur même de la pensée platonicienne. Si le
jeune Socrate ne peut répondre aux objections de ses
interlocuteurs et s'avoue vaincu, ce n'est point en effet en
raison de la faiblesse ou de l'inexactitude des conceptions
qu'il défend, mais c'est parce qu'il manque d'habileté dialectique, habileté qui lui permettrait de réfuter les arguments
de ses contradicteurs : « Seule, sa jeunesse inexpérimentée,
déclare Parménide, est responsable de cet échec apparent,
seule son inaptitude à suivre une discussion quelque peu
subtile permet le triomphe de ses adversaires. Il s'est
essayé, avant l'heure et sans entraînement, à définir le

[3] Jean Wahl, *Etudes sur le Parménide de Platon*, Paris, 4e éd.,
1951, p. 237.

Beau, le Juste, le Bien et toutes les Idées, une à une. Son enthousiasme fait plaisir, mais il a présumé de ses forces... » (135 D). Qu'il s'exerce et poursuive sans relâche ce qu'il a si heureusement commencé, qu'il se soumette à la rude discipline de la discussion dialectique : seul, un long apprentissage, aussi bien conduit qu'obstiné, aussi humble que librement accepté, lui permettra d'acquérir cette maîtrise dans le raisonnement qui le rendra capable de faire le tour d'un problème, d'en comprendre tous les aspects, d'en sonder toutes les difficultés, d'en éviter tous les traquenards, d'en dévoiler enfin toutes les implications. C'est à ce prix seulement qu'un esprit comme le sien — richement doué et prompt à réfléchir — pourra dialoguer avec Zénon, Parménide et leurs émules, leur donner une réplique honorable et combattre ainsi leurs objections. Celles-ci ne semblent insurmontables que dans la mesure où fait défaut une intelligence assez déliée pour en découvrir les faiblesses. Elles ne l'emportent que dans la mesure où Socrate, trop inexpert encore, n'a pu mener à bien sa démarche réflexive et consentir l'effort nécessaire en vue de corriger et de nuancer ses analyses antérieures.

Certes, reconnaît Parménide, multiples sont les difficultés si l'on admet en même temps la transcendance et l'immanence du monde idéal : « On n'éveille en celui à qui l'on parle ainsi que doute et contradiction, il se refuse à croire en l'existence d'Idées radicalement distinctes de ce dont elles constituent le modèle et, les admît-il à la rigueur, les déclare en toute nécessité inconnaissables à l'humaine nature » (135 A). Il n'en reste pas moins que de telles objections « sont spécieuses » et qu'un esprit, plus habile à coup sûr que celui du jeune Socrate, pourrait les réfuter aisément. Au surplus, « si l'on persiste à nier l'existence de ces Idées, tout à la fois immanentes et transcendantes au monde sensible, on ne saura plus où tourner sa pensée, on anéantira l'essence de la dialectique » (135 C), l'activité rationnelle deviendra impossible et la science se révélera illusion stérile. Notre réflexion, radicalement déboussolée, se verra dépourvue de tout point d'attache, elle ne saura plus où trouver un fondement, où découvrir une source de référence ou de contrôle. Elle débouchera sur le néant et se verra même incapable de dresser le constat de sa propre faillite... C'est pourquoi, ainsi que l'a bien compris Auguste Diès, « quelles que soient les difficultés que soulève la théorie des Formes, que ces difficultés soient totalement résolubles ou inhérentes à la nature même de l'esprit, l'acceptation des Formes est condition indispensable de la science [4]. » Socrate, d'ailleurs, ne s'y trompe pas, puisqu'il demande à Zénon, au début du dialogue, de lui montrer comment les principes ontologiques qui constituent l'univers des Idées, ces principes de l'Un et du Multiple, du Même et de l'Autre, du Stable et du Mouvant, se distinguent et se mêlent, s'entrelacent et s'opposent au sein de chaque Idée, source et modèle des réalités sensibles (130 A). Il devine en effet que l'univers idéal constitue un réseau — complexe autant que malaisément discernable — de rapports entre divers principes fondamentaux, apparemment contradictoires. Ce ne sont point seulement les réalités sensibles qui se révèlent tantôt unes et tantôt multiples, tantôt semblables et tantôt dissemblables, tantôt mouvantes et tantôt immobiles (ceci, déclare Socrate, est aisément démontrable), mais les principes intelligibles qui en constituent la source et le modèle se compénètrent, se distinguent, se mêlent et s'opposent d'une manière identique. Le *Parménide*, en ana-

---

[4] A. Dies. *Introduction au Parménide,* Les Belles Lettres, Paris, p. 28.

lysant l'Unité, ne nous enseigne pas autre chose : loin de combattre la thèse d'après laquelle l'Un, principe idéal, existe en tant que tel, indépendamment du monde sensible, il nous montre qu'il est impossible de nier l'Unité, quelles que soient les contradictions qu'une semblable reconnaissance entraîne. Si l'Un n'existait pas en effet, nous nous révèlerions incapables de comprendre quoi que ce soit, notre activité réflexive, complètement désemparée, battrait la campagne et la réalité elle-même s'évanouirait; ces paradoxes ne sont donc point signes d'erreur ou d'incohérence logique; ils ne font que révéler les antinomies de l'univers intelligible, vaste entrelac de principes apparemment hétérogènes.

*
* *

De l'Un, déclare Parménide, l'on peut dire qu'il existe ou qu'il n'existe pas. Examinons ce qui découle de l'une et de l'autre hypothèses.

Si l'on se demande ce qu'entraîne l'existence de l'Un, il apparaît d'abord qu'une telle existence exclut toute multiplicité : l'Un ne peut se composer de parties ni former un tout (137 C). Par conséquent, on ne lui connaît ni début, ni milieu, ni fin, « car de telles distinctions lui feraient des parties » (137 D). Il apparaît donc comme totalement illimité et ne se situe « ni en soi, ni en autre que soi », car son unité serait alors gravement compromise (138 AB).

D'autre part, si l'Un est, nous devons lui refuser la mobilité, car le mouvement implique altération ou translation de ce qui se meût, or ces deux phénomènes présupposent la multiplicité (138 CE). Mais nous devons aussi lui refuser l'immobilité, car dans ce cas, il demeurerait en lui-même, ce qui ne se peut (139 AB). En outre, il ne pourra pas davantage « être identique à soi et à autre que soi ou différent de soi ou d'un autre que soi », car « différent de soi, il ne serait plus un » et identique à soi, « il ne serait plus un non plus », car l'identité se révèle différente de l'unité [5].

L'Un ne pourra pas non plus être semblable ou dissemblable à soi ou à un autre car, tout comme l'identique, la ressemblance et la dissemblance impliquent la multiplicité : un être ne peut se dire semblable ou dissemblable que dans la mesure où on le compare à un autre, soit que cet autre constitue un être distinct, soit qu'il apparaisse comme le dédoublement de l'être primitif; dans les deux cas, la multiplicité est réintroduite (140 AB).

Un raisonnement en tous points analogue peut être tenu dans le cas de l'égalité ou de la non-égalité de l'Un. Ces notions impliquent comparaison, donc multiplicité. Il en résulte que l'Un ne peut être ni égal ni inégal à soi ou à un autre (140 CD). Mais s'il ne peut être ni semblable, ni dissemblable, ni égal, ni inégal, il n'appartient pas au temps, car s'il y appartenait, il appartiendrait, d'une part, à l'égalité

---

[5] Certains commentateurs critiquent — à bon droit — ce dernier raisonnement. L'un d'eux, Auguste Diès, écrit : « Du principe "l'identité n'est pas l'unité", on tire la conséquence : " Donc, être identique, ce n'est pas être un ". Mais à cette conséquence inoffensive, on substitue "donc être identique, c'est ne pas être un. " On obtient ainsi la conclusion sophistique cherchée : pour l'Un, être identique à soi-même, ce "n'est pas être un " ». (Parménide, Les Belles Lettres, p. 75 n. I.) Quoi qu'il en soit, la notion d'identité implique la multiplicité car un être ne peut se révéler identique que dans la mesure où on le compare à un autre, soit que cet autre ait une existence distincte, soit qu'il constitue le doublet de l'être primitif que l'on compare alors avec lui-même. Dans le cas de l'Un, le sophisme consiste à réifier une distinction purement logique : l'Un, identique à soi-même, ne se divise point ontologiquement : seul l'esprit opère une division qui demeure strictement logique. Nous reviendrons plus loin sur la signification profonde d'un tel sophisme.

et à la ressemblance dans la mesure où l'Un « aurait le même âge que soi ou qu'autrui » et, d'autre part, à la dissemblance et à l'inégalité dans la mesure où l'Un serait « inférieur ou supérieur en âge à quoi que ce soit » (140 D; 141 A). Il ne peut, en un mot, participer au devenir, c'est-à-dire à la multiplicité. Si cette dernière affirmation s'avère exacte, l'Un ne participe pas non plus à l'être, car il n'existe point d'autres modes de participation ontologique que ceux-ci : « L'Un a été, devint ou fut, il est devenu, devient et est, il deviendra, sera devenu ou sera » (141 E). L'Un s'exclut de l'être dans la mesure où il est intemporel. La conséquence inéluctable de cette incompatibilité est la négation de l'Un en tant que tel : « … L'Un n'est en aucune façon… Il n'a donc même pas assez d'être pour être un… Aucun nom ne lui appartient, il n'y en a ni définition, ni science, ni sensation, ni opinion » (142 A). L'hypothèse de l'existence de l'Un aboutit à sa propre destruction.

Arrivés en cette impasse — pour le moins imprévisible… —, les deux interlocuteurs reviennent à leur point de départ, posent à nouveau l'hypothèse de l'existence de l'Un et « déclarent vouloir en accepter toutes les conséquences, quelles qu'elles puissent être » (142 B). Ils reprennent leurs analyses et aboutissent aux conclusions suivantes : l'Un, en tant qu'il est, se révèle pluralité infinie (143 A), il constitue la source de tout nombre (144 A), en conséquence la multiplicité lui appartient (145 A). Il apparaît comme étant en soi et en autre que soi (145 E), comme éternellement immobile et mû (146 A), comme identique à soi et différent de soi, comme identique aux autres et différent des autres (147 B), comme semblable à soi et aux autres, comme dissemblable de soi et des autres (148 D), comme égal à soi et aux autres, comme inégal à soi et aux autres (151 E). Au surplus, l'Un pourra et ne pourra pas, tout ensemble, être plus vieux et plus jeune que soi et que les autres (155 A). Enfin, « s'il fut, est, sera, devint, devient et deviendra, il peut y avoir, de lui, science, opinion et sensation puisque aussi bien nous-mêmes, présentement, ne laissons point de mettre en œuvre, à son sujet, toutes ces manières de connaître » (155 D).

Cette nouvelle analyse, ainsi qu'on s'en aperçoit, s'achève sur une conclusion radicalement opposée à celle que nous avons tirée précédemment : alors que l'hypothèse de l'existence de l'Un impliquait, rappelons-le, sa propre négation, elle aboutit, cette fois, à l'inverse : de l'Un, « il y a nom et définition, on le nomme et on l'exprime » (155 E).

Il est déjà, pour le moins, étonnant qu'une seule hypothèse — l'existence de l'Un — nous mène à des conséquences aussi contradictoires, mais la perplexité de l'esprit s'accroît encore lorsqu'il découvre que chacune des analyses qu'il a menées à partir de l'hypothèse en question apparaît elle-même comme profondément paradoxale : tandis que la première, en effet, nie tous les caractères que l'on peut attribuer à l'Un : identité, altérité, mobilité, immobilité, ressemblance, dissemblance, et aboutit par là au néant, la seconde affirme de l'Un les propriétés contradictoires parce que simultanées du mouvement et du repos, du semblable et du dissemblable, de l'identique et du différent, de l'égal et de l'inégal.

Certains affirment que de telles conclusions, radicalement opposées, reposent sur un ensemble de sophismes aisément démontables. On ne peut leur donner tort encore qu'il s'en faut de beaucoup : bon nombre de raisonnements ne sont entachés d'aucun paralogisme et mènent à d'exactes conclusions. Quelques-uns, cependant, n'échappent pas aux reproches et nous en avons donné un exemple en note. Mais cela ne veut pas dire que de tels raisonnements puissent être dédaignés et n'aient, aux yeux de Platon, aucune signification. Il n'est pas douteux, en effet, que le disciple de Socrate aperçut fort bien le caractère sophistique de certaines analyses, il fut trop habile dialecticien pour ne pas s'en rendre compte; s'il les a cependant maintenues, c'est qu'il leur reconnaissait une signification, quel qu'en fut l'illogisme apparent. En d'autres termes, ces analyses, quoique sophistiquées, possédaient à ses yeux une certaine valeur. C'est pourquoi il serait vain, nous paraît-il, de les prendre au pied de la lettre — et de les condamner — sans rechercher le but que Platon poursuivait lorsqu'il les élabora. Elles reprennent une valeur incontestable si l'on s'applique à découvrir l'intention du disciple de Socrate.

Ainsi que le déclare fort justement Auguste Diès, le philosophe athénien veut montrer que « l'Un réunit en soi toutes les affirmations et toutes les négations » qu'il implique ce qui lui est le plus radicalement opposé [6]. Il constitue ainsi l'un des paradoxes les plus remarquables que l'on découvre au sein de la réalité profonde. Celle-ci nous apparaît tout à la fois comme une et multiple, immuable et changeante, divisible et indivisible, continue et discontinue. Son unité, pour fondamentale qu'elle puisse être, ne laisse pas d'offrir à l'esprit certains aspects contradictoires. Selon les perspectives que l'on choisit et pour peu que l'on tente de les grouper en un faisceau, cette réalité, telle Protée, se métamorphose, se transmue et va jusqu'à se nier elle-même — du moins en apparence... Semblable à la lumière solaire qui se décompose et se différencie à travers le prisme, l'Unité se fragmente, s'éparpille et acquiert de tels caractères qu'elle s'en trouve apparemment détruite. De même que le spectre solaire se révèle tout à la

---

[6] A. Dies, *op. cit.*, p. 34.

fois semblable et distinct de la lumière non décomposée, de même les propriétés que l'on découvre au sein de la réalité profonde sont tout ensemble en harmonie et en contradiction avec l'Unité de cette même réalité. Entrelac de principes hétérogènes, le monde apparaît, selon l'angle que l'on choisit, comme puissamment unifié ou radicalement contradictoire. Nos points de vue, toujours relatifs, toujours limités, modifient les vues que nous avons de la réalité profonde. Celle-ci ne se révèle jamais tout entière, elle se dévoile assurément mais non sans réticence. L'esprit n'en saisit toujours qu'un aspect, un aspect nécessairement partiel et contingent. L'on devine, dès lors, pourquoi Platon, dans ses analyses, multiplie ambiguïtés et paradoxes : il ne veut qu'exprimer ainsi la complexité fondamentale du monde, complexité qui ne va point sans contradictions, sans négations profondes. Cet univers se métamorphose, se détruit, se recrée sous un autre jour au fur et à mesure que l'on tente d'en saisir tous les aspects. Il est impossible de s'en faire une idée complète en recourant à l'unité d'un même critère, à l'unité d'une seule perspective. Platon l'a bien compris et c'est pourquoi il montre que l'Unité, principe ontologique, implique, lorsqu'on en tire toutes les conséquences, d'autres principes qui lui sont apparemment opposés, mais qui ne laissent pas de lui être intimement liés. L'Un ne peut se comprendre que dans la mesure où on le met en rapport avec ces principes qu'il présuppose et dont il reçoit une signification. A propos de l'Altérité, par exemple, Parménide montre fort bien que ce principe participe et se distingue tout à la fois de l'Un : « L'Altérité, déclare-t-il, n'est certes point l'Un, mais elle n'est pas totalement pure de l'Un... Elle y a part, en quelque façon » (157 C-158 B). Le philosophe dévoile ainsi l'implication mutuelle de l'Unité et de l'Altérité, principes apparemment contradictoires. Cela ne l'empêche pas d'ailleurs de souligner d'une manière tout aussi rigoureuse leur exclusion radicale : « L'Un est à part de l'Altérité et l'Altérité est à part de l'Un... » (159 BE).

Encore une fois, certains commentateurs dévoileraient sans doute assez aisément les sophismes dissimulés sous de telles analyses, mais il nous semble — et nous devons le répéter — qu'en agissant ainsi, ces commentateurs règleraient un peu vite le problème que pose le *Parménide*. Platon, à coup sûr, était conscient du caractère sophistique de certains de ses raisonnements. S'il les maintient, c'est qu'il leur reconnaît une signification que nous ne pouvons négliger. Tout en évitant, si l'on ose dire, de prendre ces sophismes au pied de la lettre, on peut, nous semble-t-il, les considérer comme étant en quelque sorte les symboles des contradictions et ambiguïtés de la réalité profonde; leurs incorrections logiques constituent pour ainsi dire le signe de l'irrationalité indéniable de l'univers voué au paradoxe et à la confusion. L'esprit se révèle impuissant à expliciter la complexité du monde, il se révèle incapable d'en découvrir l'unité foncière, celle que l'on ne peut réduire davantage, celle qui n'admet plus aucune différence. S'il veut cependant en dévoiler les aspects les plus essentiels, il ne peut en éviter les contradictions et les ambiguïtés.

En résumé, et pour autant qu'elles soient sophistiquées (il s'en faut, nous semble-t-il, de beaucoup), les analyses du *Parménide*, tout en paraissant — au moins certaines — logiquement erronées, n'en possèdent pas moins une signification dans la mesure où leurs conclusions, quelles que fautives que soient éventuellement leurs prémisses, ne manquent pas de pertinence.

Au-delà du problème des rapports du monde idéal et de l'univers sensible, au-delà du problème des relations des

Idées entre elles, le *Parménide* se demande si une conception de l'Idée en tant qu'entité absolue est métaphysiquement possible. Cette absoluité de chaque Idée ne va-t-elle pas à l'encontre de celle que l'on doit attribuer aux autres Idées ? Parménide, lorsqu'il examine ce qui découle de l'existence de l'Un ou de sa négation, ne prétend pas que cette Idée soit le seul fondement de la réalité, elle n'est, à ses yeux, qu'un exemple, et s'il ne dit pas que de semblables analyses pourraient s'élaborer au sujet d'autres principes, il le laisse sous-entendre au moment où il prend la parole. Ne déclare-t-il pas en effet : « Par où donc commencerons-nous et que poserons-nous comme première hypothèse ? N'êtes-vous point d'avis plutôt, le parti une fois pris, de jouer ce jeu laborieux, de commencer par moi-même et par ma propre hypothèse et que, posant à propos de l'Un en soi, ou qu'il est, ou qu'il n'est pas, j'examine ce qui doit en résulter ? » (137 B).

S'il choisit de réfléchir sur l'Unité plutôt que sur le Grand, le Petit ou d'autres Idées, c'est parce qu'il est, si l'on ose dire, un spécialiste des questions concernant l'Unité, c'est parce qu'il leur a déjà consacré de multiples recherches. Au début de ses méditations, il envisage le monde idéal comme un ensemble de réalités existant chacune en elle-même, autonome et absolue. Il se demande ce qui découle d'une telle hypothèse et ne peut que proposer à ses auditeurs une suite de déductions apparemment absurdes.

Celles-ci, néanmoins, ne manquent pas de nous enseigner plusieurs choses. Elles nous apprennent d'abord qu'une conception absolue de l'Un (ou du Beau, ou du Juste ou d'une autre Idée...) est logiquement insoutenable — elle aboutirait aux paradoxes les plus invraisemblables... — mais que, par ailleurs, l'existence d'un tel ensemble d'Idées ne s'en révèle pas moins nécessaire pour peu que l'on veuille fonder l'usage de la raison, pour peu que l'on veuille comprendre l'univers. Elles nous enseignent encore que la réalité profonde ne peut se constituer que d'une manière apparemment contradictoire. Les catégories les plus opposées (unité, pluralité; ressemblance, dissemblance; temporalité, intemporalité...) vont non seulement de pair, mais dépendent ou découlent les unes des autres. Ce faisant, tantôt s'annihilent-elles et tantôt se complètent-elles : « [L'Un] ne sera point davantage identique à autre que soi ni à soi, ni différent de soi ou d'autre que soi. — Comment cela ? — Différent de soi, il serait autre qu'un, et ne serait plus un. — C'est vrai. — Identique à autre que soi, il serait cet autre et ne serait plus soi. Ainsi, de cette façon encore, il ne serait plus ce qu'il est, un, mais autre qu'un » (139 C).

Ce petit texte nous apprend que la catégorie de l'Un, envisagée d'une manière absolue, exclut, entre autres, celles de l'Identité et de l'Altérité [7]. On pourrait certes prétendre

---

[7] Peut-être nous reprochera-t-on de substituer le terme de catégorie à celui d'Idée que nous utilisions précédemment. Nous répondrons qu'à nos yeux, une telle catégorie, (que nous ne pouvons certes confondre avec celles de l'idéalisme kantien — nous commettrions, en les identifiant, un grossier anachronisme...), nous apparaît comme un principe analogue à l'Idée, un principe auquel l'intelligence ne peut, si l'on ose dire, échapper lorsqu'elle se met à réfléchir sur la réalité profonde, un principe que cette intelligence utilise lorsqu'elle fait œuvre de méditation... Unité, pluralité; ressemblance, dissemblance nous apparaissent comme autant de notions dont l'esprit se sert pour exprimer le résultat de ses recherches, pour exprimer ce qu'il pense de la nature des choses. En d'autres termes, quel que soit l'objet de ses réflexions, quelles qu'en soient la forme et la structure, l'intelligence utilise de telles notions, elle n'y échappe point et ne peut se scruter elle-même qu'en y recourant. Toute réflexion — philosophique ou scientifique — les implique et les respecte dans la mesure où l'esprit ne peut manquer de s'appuyer sur elles en vue de com-

(et l'on aurait raison...) que le disciple de Socrate ne réussit à opposer ces catégories qu'en les réifiant, qu'en passant du plan logique à celui de l'ontologique. Il serait néanmoins, nous semble-t-il, dommage d'en rester là sans tenter d'approfondir le problème. Quelle que soit en effet la manière — assurément erronée — dont Platon nous montre l'aspect paradoxal d'une Idée envisagée dans une perspective absolue, d'une Idée parfaitement et exclusivement autonome, nous devons toutefois reconnaître que ses conclusions ne manquent pas de pertinence. De telles Idées (ou catégories) ne se conçoivent, avons-nous vu, qu'en relation les unes avec les autres. Elles ne se définissent, elles ne se caractérisent qu'en opposition avec celles dont elles constituent, si l'on ose dire, les antipodes. Comment pourrait-on, par exemple, préciser l'Idée ou la notion de l'Un sans faire appel — en antithèse ou a contrario — aux caractères du Multiple ? L'Un n'engendre-t-il pas d'une certaine manière le Multiple ? N'en est-il pas, si l'on peut s'exprimer ainsi, le critère et la raison d'être ? Inversement la Multiplicité pourrait-elle se comprendre si l'on ne tentait point de la définir en l'opposant au concept de l'Un, en l'explicitant d'une telle manière que l'Unité en deviendrait le pôle adverse ? Ne pourrait-on pas concevoir le Multiple comme le déploiement des virtualités, des possibilités et des contrastes de l'Un ? Ne pourrait-on le définir comme ce qui permet à l'Unité de se mieux comprendre de telle sorte que cette Unité acquière — au moins virtuellement — toutes les caractéristiques de la Multiplicité, de telle sorte que le Multiple se voie attribuer tous les signes distinctifs de l'Unité, non certes que l'on

prendre la réalité et de déceler ainsi les rapports qui l'unissent à cette même réalité.

veuille dissoudre ces notions en les mêlant l'une à l'autre, il n'est point question de méconnaître l'originalité de l'Un et du Multiple, il ne faut que mettre en relief leurs relations indéniables, que souligner leurs rapports étroits; ce que fait Platon dans le très beau texte du *Philèbe* (15 AB) : « Alors commence le problème véritable, et le travail passionnant de l'analyse engendre la controverse : savoir, en premier lieu, s'il faut admettre l'existence de telles unités, et puis comment chacune d'elles, éternellement identique à elle-même, et soustraite à la naissance et à la mort, peut garder en son tout cette unité inébranlable, encore que, après cela, on la doive poser dans les choses qui deviennent et dans leur infinité soit comme dispersée et multipliée, soit, ce qui paraît la solution la plus inadmissible de toutes, comme tout entière coupée d'elle-même et se réalisant ainsi, unique et identique, à la fois dans l'unité et la multiplicité. »

Platon n'ignore pas que l'un et le multiple se constituent d'une infinité de rapports profondément contradictoires quoique non moins indéniables...

Une semblable complexité se révèlerait, si nous poursuivions cette brève analyse, entre d'autres Idées, telles que, par exemple, le Même et l'Autre. Ainsi que nous tenterons de le montrer plus loin, la réalité fondamentale n'est, aux yeux du disciple de Socrate, qu'un tissu de relations entre divers principes, relations apparemment paradoxales, relations non moins réelles; pour reprendre les termes du *Politique*, « il y a mélange mutuel des genres. L'être et l'autre pénètrent à travers tous et se compénètrent mutuellement. Ainsi, l'autre, participant de l'être, du fait de cette participation, est. Il est toutefois non point ce dont il participe, mais autre, et parce qu'il est autre que l'être, il est, par la plus manifeste nécessité, non-être. L'être, à son tour, participant de l'autre, sera donc autre que le reste des genres. Autre qu'eux tous, il n'est donc ni aucun d'eux pris à part, ni la totalité des autres moins lui-même, de telle sorte que l'être, incontestablement encore, des milliers et des milliers de fois, n'est point, et que les autres, soit individuellement, soit en totalité, sous de multiples rapports, ne sont pas. » (259 AB).

Certes, afin d'échapper à ces oppositions toujours irritantes pour un esprit soucieux de rationalité, l'on pourrait nier l'existence de l'Un. Platon n'a point négligé cette hypothèse et il en tire toutes les conséquences : la première se résume ainsi : « L'Un qui n'est pas n'a sous aucun rapport aucune détermination » (164 B). Il ne possède ni mobilité, ni stabilité, ni grandeur, ni petitesse; « les Autres ne lui sont donc ni semblables, ni dissemblables, ni identiques, ni différents » (164 A). Qui plus est, ils n'ont plus, à leur tour, d'existence réelle : « Si l'Un n'est pas, déclare Parménide, nul des Autres non plus n'est imaginé être, soit un, soit plusieurs, soit semblable, soit dissemblable, soit identique ou distinct » (166 B). Les Autres ne sont eux-mêmes, en effet, que s'ils s'opposent à l'Un ou les uns aux autres; mais dans ce dernier cas, chacun apparaît un, ce qui réintroduit l'Unité (164 D). Dès lors, « tout être se brise, s'émiette » et se néantise (165 B). La pensée ne récolte que du vent, elle tourne à vide et disparaît elle-même dans sa propre vacuité. « Si l'Un n'est pas, résume Parménide, rien n'est » (166 C). Toute réalité s'évanouit, toute science se désagrège. On ne peut plus rien dire de rien. Il devient même impossible de dresser le bilan de la faillite générale.

L'hypothèse de l'inexistence de l'Un entraîne ainsi un ensemble de conséquences plus radicalement négatives encore que celles de son existence. La réalité même du

Parménide en tant que dialogue et les discussions qu'il rapporte prouvent que cette seconde hypothèse doit être rejetée et qu'en définitive, l'Un existe.

Pour nous résumer, que nous apprend le *Parménide* ? Ceci d'abord : « Que l'Un soit ou ne soit pas, Lui et les Autres, à ce qu'il semble, et dans leur rapport à eux-mêmes et dans leur rapport mutuel, à tous points de vue possibles, ils sont tout et ne sont rien, paraissent tout et ne paraissent rien » (166 C). Les principes ontologiques qui constituent la réalité profonde échappent à toute détermination rigoureuse, leur nature fondamentale demeure, aux yeux du Parménide de Platon, voilée; l'esprit n'en acquiert qu'une connaissance toujours incomplète. Ils n'ont de sens que dans leurs rapports mutuels. Ils ne constituent, pourrait-on dire, qu'une manière d'exprimer la complexité du monde, complexité que l'on ne peut totalement clarifier de telle sorte que l'intelligence se voit contrainte d'élaborer une métaphysique dont le but, en définitive, est de nous donner une idée de la réalité profonde sans nourrir l'ambition de nous dévoiler sa nature fondamentale. Une semblable métaphysique en acquiert ainsi un caractère réellement paradoxal, ce qui ne veut pas dire qu'elle soit erronée ou fantaisiste [8].

---

[8] Les contradictions apparentes du *Parménide* viennent peut-être, aux yeux de Platon, de l'incapacité du langage d'exprimer toutes les nuances et toutes les subtilités de la pensée. Nous croyons en effet que les critiques de la *Septième Lettre* portant sur le discours écrit peuvent être étendues au langage tout entier; le disciple de Socrate ne déclare-t-il pas : « De moi, au moins, il n'existe et il n'y aura jamais aucun ouvrage sur pareils sujets (ceux qui occupent l'esprit de Platon, celui-ci ne considère point ses dialogues comme un ensemble d'œuvres strictement théoriques, œuvres qu'il s'est toujours refusé d'écrire). Il n'y a pas moyen en effet de les mettre en formules, comme on fait pour les autres sciences, mais c'est quand on a longtemps fréquenté ces problèmes, quand on a

vécu avec eux, que la vérité jaillit soudain dans l'âme comme la lumière jaillit de l'étincelle et ensuite croît d'elle-même... Les mots sont de faibles auxiliaires. Aussi aucun homme raisonnable ne se risquera-t-il à confier ses pensées à ce véhicule, *surtout* quand il est figé comme le sont les caractères écrits... » (341 CD; 343 A).

A l'opposé de ce que l'on croit le plus souvent, Platon ne se borne point à souligner les insuffisances du discours écrit. Il étend ses critiques à l'ensemble du langage et n'oublie donc point la parole elle-même. S'il met en exergue les lacunes de l'écriture, c'est en quelque sorte *a fortiori,* comme il est loisible de le voir si nous nous référons au texte que nous venons de citer. Le philosophe athénien prend une trop profonde conscience des limites et des imperfections du langage quel qu'il soit pour croire que la vérité puisse s'expliquer en toute rigueur et en toute lumière au travers des mots écrits ou parlés, qui ne peuvent que trahir (en la déformant) l'intuition, fruit du long contact de l'esprit et des problèmes qu'il envisage (VIIe Lettre, 341 D), ces mots que le *Cratyle* ne sait comment définir : sont-ils affaire de pure convention, comme le prétend Hermogène, ou correspondent-ils à la nature même des choses ? Socrate ne se rallie à aucune de ces deux conceptions. Il leur oppose une troisième, basée sur l'usage, qui n'obtient cependant pas non plus son entière adhésion (435 AC). N'exprime-t-il point en toute clarté — clarté paradoxale... — le discord entre la réalité et le langage, lorsqu'il déclare dans ce dialogue : « Moi aussi, j'aime que les noms soient autant que possible semblables aux objets : mais je crains qu'en réalité, il ne faille ici, pour reprendre le mot d'Hermogène, tirer laborieusement sur la ressemblance et qu'on ne soit forcé de recourir encore, pour la justesse des noms, à cet expédient grossier de la convention... » (435 C). « C'est pourquoi contentons-nous de convenir que ce n'est pas des noms qu'il faut partir, mais qu'il faut et apprendre et rechercher les choses en partant d'elles-mêmes bien plutôt que des noms... » (439 B). Ce qui ne résoud nullement le problème puisque l'esprit doit utiliser le langage (« les mots de la tribu ») pour exprimer ce qu'il a découvert de la nature des choses...

Conscient des obstacles que l'on rencontre lorsque l'on veut se faire une idée rigoureuse de la réalité profonde, Platon s'est toujours refusé à concevoir un système philosophique qui aurait toutes les apparences d'un dogmatisme minutieusement structuré. Il s'est toujours refusé à donner dans le piège d'une construction logique, sans doute fort bien ordonnée mais incapable de par sa rigueur même, d'exprimer les subtilités, les nuances, les paradoxes et les contradictions de la réalité, mais incapable, malgré qu'elle en

Le *Sophiste* examine, dans une perspective quelque peu différente, les problèmes que pose le *Parménide*. Le sujet apparent de ce dialogue est une tentative de définir le sophiste, mais il n'est que l'occasion pour le porte-parole du philosophe athénien d'entreprendre l'étude d'autres questions à ses yeux beaucoup plus graves : qu'est-ce que l'être ? Qu'est-ce que le non-être ?

Platon commence par une esquisse historique qui constitue une critique des doctrines métaphysiques qu'il passe en revue. Chacune de ces doctrines, qu'elle soit celle des « Fils de la Terre » ou celle des « Amis des Formes », prétend expliciter le monde en recourant à un seul principe qui en constituerait la base : l'être, corporel pour la première, incorporel pour la seconde. D'autres doctrines poursuivent le même but et mettent en avant l'Unité (ce sont les Eléates) ou la Multiplicité (ce sont les Héraclitéens).

Platon combat ces doctrines parce qu'il ne croit point que la réalité puisse dépendre d'un principe constitutif unique, quel qu'il soit. Cette réalité lui apparaît plutôt comme le fruit d'un ensemble de rapports entre divers éléments ontologiques, apparemment contradictoires.

L'être, remarque-t-il d'abord, exclut une immobilité absolue : si l'être était immobile en effet, « il n'y aurait d'intellect nulle part, en aucun sujet, pour aucun objet » (249 B), car « connaître, c'est agir » et l'action implique la mobilité (248 E). Or, certains êtres sans intellect sont impensables : « — Nous laisserions-nous si facilement con-

---

ait, de surmonter — sinon d'annihiler — les limites combien nombreuses du langage et de la réflexion.

Notre chapitre précédent, *Le Platonisme, une philosophie problématique,* étudie plus longuement cet aspect de la pensée platonicienne.

vaincre que l'âme, la pensée n'ont réellement point de place au sein de l'être universel, qu'il ne vit ni ne pense, et que, solennel et sacré, vide d'intellect, il reste là, planté, sans savoir bouger ? — L'effrayante doctrine que nous accepterions là, Etranger... » (248 E; 249 A).

Mais, par contre, « si nous acceptons de mettre en tout la translation et le mouvement, c'est encore supprimer l'intellect du rang des êtres... » (249 B). Car une mobilité perpétuelle, une versatilité infinie empêchent une activité cognitive réelle : un être sans cesse en mouvement, « à l'approche de qui voudrait le connaître, devient autre et différent. Si bien qu'on ne pourrait plus savoir ce qu'il est et quel est son état. Aucune connaissance, évidemment, n'est possible si elle s'applique à un être qui n'a point d'état déterminé... » (*Cratyle*, 440 A). Si, au contraire, le sujet connaissant « existe toujours comme l'objet connu, comme le beau, comme le bien, comme chaque être en particulier (c'est-à-dire si la connaissance se révèle possible), ce dont nous sommes en train de parler me paraît n'offrir aucune ressemblance avec un écoulement ou une mobilité » (*Cratyle*, 440 B). Il importe donc d'attribuer à l'être l'immobilité dans la mesure où il possède la faculté de connaître et d'être connu.

Mais alors, que penser ? D'une part, nous accordons à l'être le mouvement, d'autre part, nous le lui refusons, et cela en vertu d'un même argument : l'être doit être doué d'intellect... La difficulté se révèle moins grande qu'il n'y paraît tout d'abord. Il suffit de reconnaître à l'être les caractères simultanés de mobilité et d'immobilité... L'Etranger déclare : « On ne peut, par ceux qui prônent soit l'Un, soit même la multiplicité des formes, se laisser imposer l'immobilité du Tout; il ne faut point non plus prêter l'oreille à ceux qui, d'autre part, meuvent l'être en tous sens, mais il importe de faire sien, comme les enfants dans leurs souhaits, tout ce qui est immobile et tout ce qui se meut et dire que l'être est l'un et l'autre à la fois... » (249 CD). Formule assurément paradoxale, mais que nous devons admettre si nous reconnaissons à l'être la faculté de comprendre et d'être compris, formule contradictoire, mais qui ne doit point nous étonner dans la mesure où nous nous souvenons que le philosophe athénien aime les conceptions apparemment opposées qui ne font d'ailleurs, à ses yeux, que traduire la complexité profonde de l'univers.

Il n'en reste pas moins que bon nombre de difficultés subsistent quant à savoir ce qu'est l'être : « O bienheureux jeune homme, déclare l'Etranger, ne t'aperçois-tu pas qu'à cette heure, nous sommes dans l'ignorance la plus épaisse à l'égard [de l'être] alors que nous croyions voir clair en nos formules ? » (249 E). Le repos et le mouvement constituent deux états contradictoires « et cependant, tu les affirmes l'un et l'autre et tout aussi bien l'un que l'autre ? — Je les affirme certainement » (250 B). L'étranger précise alors que lorsqu'il leur accorde l'existence, ce n'est point en tant que mouvement ou en tant que repos : cette subtilité, affirme-t-il, lui permet d'échapper à toute contradiction : l'être qu'il leur attribue apparaît donc « comme en tiers » vis-à-vis d'eux. Il leur donne l'existence et les unit, en quelque sorte, de l'extérieur. De telle manière que l'on peut en déduire que le repos, en tant que tel, ne se confond point avec l'être et qu'avant de se définir comme être, il se caractérise comme « repos ». Un raisonnement analogue peut se tenir à l'égard du mouvement. La détermination « être » n'est que secondaire par rapport à celles du « repos » et du « mouvement » de telle sorte que « l'être n'est point l'ensemble mouvement-repos, il est quelque chose d'autre qu'eux » (250 C).

Cette nouvelle affirmation qui, loin de résoudre le problème de l'être ne fait que le compliquer davantage, désespère les deux interlocuteurs : « Vers quel point de vue nouveau faut-il donc tourner sa pensée, se demande l'Etranger, si l'on veut établir en soi quelque ferme évidence à son sujet ? Je crois qu'on aurait peine désormais à en trouver » (250 E).

Leur pessimisme est cependant de courte durée, car ils reprennent aussitôt le problème sous un angle qu'ils avaient négligé auparavant. Ils remarquent d'abord qu'il est bien impossible, de toute nécessité impossible que le mouvement soit immobile et le repos mû » (252 A). D'autre part, s'il est impossible qu'une totale identité unisse le mobile et l'immobile, il est tout aussi impossible qu'ils demeurent radicalement séparés. Si l'on admet en effet que « rien n'a avec rien puissance aucune de communication sous quelque rapport que ce soit, (on exclut par le fait même) le mouvement et le repos de toute participation à l'existence » (252 A) et on les voue dès lors au néant. La mobilité et l'immobilité se rejoignent ainsi dans leur commune participation à l'être. Si l'on accepte ce que nous venons de dire, une remarque s'impose : puisque le repos et le mouvement nouent certains rapports avec l'existence, mais non l'un avec l'autre, on peut en déduire que ces trois réalités entretiennent d'indéniables relations, encore que de telles relations demeurent toute relatives : « Il y a parfois consentement à l'union et parfois refus, déclare l'Etranger » (253 A). C'est pourquoi, à juste titre, nous pouvons unir certains principes, en séparer d'autres, reconnaître à tous une communauté réelle quoique incomplète : « Celui qui est capable (d'une telle analyse), affirme l'Etranger, son regard est assez pénétrant pour apercevoir une forme unique déployée en tous sens à travers une pluralité de

formes dont chacune demeure distincte, une pluralité de
formes mutuellement différentes qu'une forme unique enveloppe extérieurement; une forme unique répandue à travers
une pluralité d'ensembles sans y rompre son unité; enfin,
de nombreuses formes absolument solitaires... » (253 D).
La réalité profonde se constitue, aux yeux du philosophe
athénien, d'un entrelac de formes ou de principes dont
certains participent l'un à l'autre, dont quelques-uns
demeurent autonomes, dont un petit nombre enfin domine
les autres, y participe sans y perdre son unité, sans rompre
non plus celle de ceux au sein desquels le principe se
répand. La réalité profonde est une et multiple, simple et
complexe, homogène et contradictoire; elle apparaît en
quelque sorte comme la résultante d'un ensemble de relations profondément diversifiées entre quelques principes
apparemment hétérogènes parmi lesquels se retrouvent
l'être, le repos et le mouvement. Ainsi que le déclare
l'Etranger, « chacun d'eux est autre que les deux qui restent
et même que soi » (254 D). Identiques à eux-mêmes, ils se
distinguent des autres. Une question se pose alors : qu'en-
tend-on par là ? Que signifient ce « même » et cet
« autre » ? Sont-ce deux nouveaux genres, différents des
trois premiers, bien que toujours nécessairement mêlés à
eux ? Sont-ce au contraire deux modalités de l'être, du
mouvement ou du repos ? Y a-t-il donc cinq principes et
non plus trois, ou bien ce « même » et cet « autre » ne
sont-ils que d'autres noms que nous donnons à l'un des
termes précédents ? (254 E). Ce dilemme se tranche aisément si l'on se souvient que le repos et la mobilité participent tantôt au « même », tantôt à « l'autre », au « même »
en tant qu'ils sont identiques à eux-mêmes, à « l'autre » en
tant que chacun est autre que ceux qui lui font face. Il en

résulte que le « même » et « l'autre » constituent autant de genres distincts du repos et du mouvement.

Quand à l'être, il lui est impossible de s'identifier au « même », car dans ce cas, la mobilité et le repos qui participent au « même » et à l'être, s'identifieraient entre eux, ce que nous avons vu ne pouvoir se produire. L'être ne s'identifie pas non plus à l'autre, car « les êtres se disent les uns en eux-mêmes, les autres uniquement dans quelque relation », or « l'autre, lui, ne se dit que relativement à un autre... » (255 D). L'être ne peut donc s'identifier à « l'autre » puisqu'il appartient, en certains de ses éléments, au « même ». Nous en concluons que le « même » et « l'autre » constituent, à côté de l'être, deux genres distincts au même titre que le repos et le mouvement. Il en résulte — et ceci nous semble essentiel — que la réalité profonde apparaît aux yeux de Platon comme le fruit des rapports et des relations — multiples autant que diversifiées — de l'être, du repos, du mouvement, du « même » et de « l'autre ». Chacun de ces principes dote la réalité d'un caractère bien défini.

Cette conception métaphysique va nous aider dans notre analyse du non-être. Une question fondamentale se pose à son égard : existe-t-il vraiment et, dans ce cas, quel est son rôle ? Problèmes assurément obscurs que nous devons néanmoins aborder si nous voulons comprendre tant soit peu la métaphysique platonicienne.

Remarquons d'abord qu'aux yeux de l'Etranger, dire qu'un être n'est point un autre signifie que cet être se distingue de celui à qui on l'oppose. « Quelque chose d'autre, voilà ce que veut dire le « non » et le « ne pas » qu'on met en préfixes aux noms qui suivent la négation ou plutôt aux choses désignées par ces noms » (257 C). De telle sorte que l'Etranger présente le non-être comme une variante du principe de l'altérité. Ce non-être ne constitue donc pas un sixième élément, mais correspond à celui que nous nommons « autre ». Et c'est par là que la réalité profonde se compose, si l'on ose dire, de non-être. La pluralité des genres et des Idées l'implique nécessairement : un exemple nous le montrera : le Beau, disons-nous, se distingue de la Justice, de la Piété ou d'une autre Idée dans la mesure où celles-ci constituent, chacune, le « non-Beau », dans la mesure où elles apparaissent comme « autres » que le Beau. La Justice, la Piété et en général les autres Idées, se distinguent de la Beauté dans la mesure où elles possèdent, chacune, un caractère propre, dans la mesure où elles demeurent elles-mêmes. Dans cette perspective, elles participent au « même » en tant qu'on les envisage en ce qu'elles ont d'original, et à « l'autre », en tant qu'elles se distinguent de ce qu'elles ne sont pas [9].

[9] R. Lévêque (*Unité et diversité,* Paris, 1963, p. 59) ouvre, nous semble-t-il, d'intéressantes perspectives sur la signification du non-être, lorsqu'il écrit : « Le non-être ne nie pas l'être d'une manière radicale; il se borne à nier cette forme d'être-ci, il ouvre donc cette forme d'être-ci sur autre chose qui est encore être; si bien que le non-être doit être cherché dans l'altérité... Cette altérité, loin de pouvoir être conçue comme statique, présente un caractère dynamique et fonctionnel, c'est-à-dire qu'elle conditionne, au sein de l'être, l'existence du mouvement et de la vie, donc du devenir. »
Le principe de l'altérité rompt en quelque sorte l'univocité de l'être, rompt le monisme où l'être aurait tendance à s'enfermer. Il fonde le multiple et s'ouvre sur la diversité de l'univers. Il en explique les contrastes, en justifie (partiellement) les oppositions, en dévoile les affinités; ainsi que le montre Platon, les principes les plus contradictoires se nécessitent, à ses yeux, l'un l'autre; ils ne prennent leur sens profond qu'en tant qu'ils s'excluent..., relation certes paradoxale quoique indéniable. Comme l'écrit encore M. Raphaël Lévêque, « c'est la même altérité qui, à la fois, isole et rapproche, [elle] est source de relation par là-même qu'elle est source de séparation. C'est ce *par là-même* qui est important et qui, en raison de son obscurité, mérite une élucidation car au premier abord, être autre, n'est-ce pas pouvoir simplement *être*

Ceci dit, que nous enseigne le *Sophiste* ? En quoi peut-il expliciter le *Parménide* ? De quelle manière éclaire-t-il le problème qui nous occupe : celui des rapports de l'unité et de la multiplicité ontologiques ?

Le *Sophiste*, semble-t-il, nous apprend une chose essentielle : la réalité profonde ne se constitue pas d'un principe unique, aisément discernable, mais d'une pluralité d'éléments ontologiques radicalement hétérogènes qu'un ensemble de relations unit cependant d'une manière étroite. Ces éléments (que le *Sophiste* nomme être, mobilité, immobilité, même et autre) n'acquièrent une signification que dans leurs rapports mutuels. Considérés chacun en eux-mêmes, ils n'engendrent que contradictions apparentes. La réalité fondamentale nous apparaît ainsi comme le fruit d'une compénétration de tous les genres — compénétration non point totale sans doute, mais suffisamment réelle pour expliciter la diversité de l'univers, diversité qui n'est point hétérogénéité pure, mais complexité ordonnée : ainsi que le déclare l'Etranger, « il y a mélange mutuel des genres.

saisi comme séparé ?... Pourtant une telle conclusion impliquerait une méconnaissance de l'altérité; elle impliquerait le préjugé que l'altérité d'un être est une caractéristique attribuée du dehors... qui ne l'affecte pas dans sa nature... Ne faut-il pas plutôt reconnaître que pour lui, être autre, c'est être touché par cette altérité » elle lui appartient au plus intime de lui-même. « Dès qu'on essaie de saisir ce que sont les choses pour elles-mêmes... on commence à s'apercevoir qu'elles ne peuvent être indifférentes à leur différence; que leur différence leur est essentielle et que c'est elle qui leur imprime un certain style d'activité dans le concert du monde. Précisons davantage : on verra que la différence, en séparant la chose, l'ouvre sur d'autres choses, crée des ponts avec les autres et la fait communiquer avec elles » (p. 63-64). Les contradictions les plus irréductibles apparaissent encore comme autant de liens paradoxaux. Qui plus est, « dans la plupart des cas, la différence se contente d'ouvrir la chose sur un grand nombre d'autres choses, en laissant une marge immense à la détermination des rapports... » (p. 65).

L'être et l'autre pénètrent à travers tous et se compénètrent mutuellement. Ainsi l'autre, participant de l'être, du fait de cette participation, est; il est, toutefois, non point ce dont il participe, mais autre, et parce qu'il est autre que l'être, il est par la plus manifeste des nécessités, non-être. L'être à son tour, participant de l'autre, sera donc autre que le reste des genres. Autre qu'eux tous, il n'est donc ni aucun d'eux pris à part ni la totalité des autres moins lui-même de sorte que l'être, incontestablement encore, des milliers et des milliers de fois, n'est point, et que les autres, soit individuellement, soit en leur totalité, sous de multiples rapports sont, et, sous de multiples rapports, ne sont pas » (259 AB).

Nous retrouvons ici les paradoxes du *Parménide,* ces paradoxes qui découlaient de l'hypothèse de l'existence de l'un. Les êtres existent et n'existent pas, ils existent tout en n'existant pas, ils n'existent pas tout en existant. Cela dépend du point de vue que l'on adopte, cela dépend de la perspective que l'on choisit; la réalité profonde se transforme et se métamorphose, évolue et va jusqu'à se nier selon les critères à la lumière desquels on l'étudie.

Certes, dévoiler ces paradoxes, souligner ces contradictions n'est point le fruit d'une haute sagesse : croire que l'on fait œuvre de profonde philosophie parce que l'on torture les arguments dans tous les sens, c'est déclare l'Etranger, peiner sur des choses qui n'en valent pas la peine... Prendre son plaisir à étaler perpétuellement ces oppositions ne constitue point une véritable réflexion critique : ce n'est encore, à n'en pas douter, que le fruit hâtif d'un tout premier contact avec le réel ...(259 CD). Il n'en reste pas moins qu'il s'avère opportun « de contraindre les gens à tolérer le mélange mutuel des [genres] » (260 A). Cette conception est seule à rendre raison des contrastes et des paradoxes apparents que l'on découvre au sein de la réalité profonde.

On pourrait assurément ergoter sur la manière dont Platon conduit ses analyses, on pourrait, par exemple, montrer que la distinction de l'être et de l'autre n'est qu'apparente dans la mesure où le concept de l'analogie, appliqué à l'être, permet de réduire les contradictions que le philosophe athénien découvre. Il n'empêche cependant que l'intuition profonde du penseur grec demeure digne d'attention et se révèle exacte si l'on scrute d'un peu plus près la nature même de la réalité. Les raisonnements qu'élabore Platon pour nous dévoiler les paradoxes de l'univers idéal peuvent paraître, en certains de leurs développements, sujets à caution, il n'en demeure pas moins, ce nous semble, que son intuition mérite qu'on s'y arrête et qu'on l'examine avec soin. Personne ne peut nier la complexité d'un univers profondément contrasté, personne ne peut expliciter cet univers en le fondant sur un seul principe, aisément discernable. Lorsque Platon soutient que la réalité profonde se constitue à partir des relations de l'être, du même, de l'autre, du mobile et de l'immobile, il ne veut pas dire autre chose.

Le *Parménide* et le *Sophiste* ne sont point seuls à nous offrir sur ce sujet d'intéressantes analyses. Le *Philèbe* nous procure lui aussi de précieuses observations.

Il s'ouvre sur une étude du plaisir que l'interlocuteur de Socrate définit « comme un bloc de félicité indivisible », définition à laquelle n'adhère nullement le maître de Platon qui déclare : « [Le plaisir], je sais combien il est divers... Vois en effet d'après nos façons de parler : un homme éprouve du plaisir quand il vit sans le moindre frein; un autre, cependant, — un sage — goûte au plaisir en pratiquant la sagesse; l'insensé, à son tour, connaît le plaisir, si folles que soient les opinions et les espérances dont il se flatte... Comment affirmer que ces diverses sortes de plaisir sont semblables l'une à l'autre [quoique] le simple énoncé du mot suggère quelque chose d'un ? » (12 CD). Le plaisir apparaît donc tout à la fois comme un et multiple, un par l'effet heureux qu'il exerce sur l'âme humaine, et multiple par les diverses formes qu'il revêt. Il se révèle ainsi profondément contradictoire et pose, par là-même le problème épineux des rapports de l'un et du multiple. Socrate précise qu'il ne s'agit nullement de ces « merveilles que tout le monde ressasse au sujet de l'unité et de la multiplicité et auxquelles il est presque universellement convenu qu'on ne doit plus toucher, oppositions qu'on estime enfantines, faciles et ne servant qu'à entraver gravement la discussion... » mais de celles qui « apparaissent quand on ne pose plus comme unité celle des choses qui naissent et qui meurent [mais] celle du beau et celle du bien... Alors, commence le problème véritable, et le travail passionnant de l'analyse engendre la controverse : savoir, en premier lieu, s'il faut admettre l'existence de telles unités, puis comment chacune d'elles, éternellement identique à elle-même, et soustraite à la naissance comme à la mort, peut garder en son tout cette unité inébranlable encore que après cela, on la doive poser dans les choses qui deviennent et dans leur infinité soit comme dispersée et multipliée, soit — ce qui paraît la supposition la plus inadmissible de toutes — comme tout entière coupée d'elle-même et se réalisant ainsi, unique et identique, à la fois dans l'unité et la multiplicité. Voilà quels genres d'un et de multiple créent toutes sortes d'embarras si on ne sait bien les résoudre, et toutes facilités si on y parvient » (14 D, 15 C).

Platon repose ainsi le problème dans toute son acuité.

Il ne dissimule point les obstacles que l'on rencontre dès que l'on tente de le résoudre. Une seule méthode existe, affirme Socrate, « celle dont je suis depuis longtemps amoureux, mais bien des fois déjà elle m'a fui et m'a laissé sans guide et sans issue. La montrer n'est pas du tout difficile, mais l'exercer l'est grandement » (16 BC). Cette méthode est celle de la dialectique, discipline sévère que l'on ne pratique pas sans un long entraînement ainsi que le *Parménide* nous l'enseigne lorsqu'il nous dévoile la faiblesse du jeune Socrate.

Ayant conscience de ces difficultés, le maître de Platon ne se décourage cependant pas et déclare d'emblée : « Les Anciens qui valaient mieux que nous et vivaient plus près des Dieux nous ont transmis cette tradition que tout ce que l'on peut dire exister est fait d'un et de multiple et contient en soi-même, originellement associées, la limite et l'infinité » (16 C).

Ainsi qu'on le voit, Platon affirme, d'entrée de jeu, l'existence de relations entre l'un et le multiple, entre la limite et l'illimité, relations étroites quoique apparemment paradoxales.

L'une des preuves qu'il nous donne peut surprendre un esprit non prévenu. Elle se fonde sur l'autorité des Anciens « qui valaient mieux que nous et vivaient plus près des Dieux ». Le disciple de Socrate partage cette conviction, solidement ancrée au cœur des grecs de son époque, que leurs ancêtres ont connu l'âge d'or et qu'en conséquence, ils possédaient les secrets de l'univers, secrets essentiels qui leurs découvraient la nature profonde de la réalité et leur en donnaient la maîtrise, secrets depuis lors malheureusement perdus et que l'on ne peut retrouver qu'en se mettant à l'école des Anciens.

Mais Platon ne se contente pas de cette preuve, quelle qu'en soit, à ses yeux, la valeur.

Il entreprend de dévoiler, présente au sein de la réalité profonde, l'union de la limite et de son contradictoire, l'illimité. Ces deux principes se retrouvent au cœur de l'univers et en constituent le fondement. Il faut prendre garde néanmoins, lorsqu'on veut préciser leurs rapports, de ne point imiter « les sages d'aujourd'hui » : « Ceux-ci, déclare Socrate, posent l'Un à l'aventure plus vite ou plus lentement qu'il ne faudrait, et, après l'Un, posent tout de suite l'infini; quant aux intermédiaires, ils les ignorent... » (17 A). Nous devons, au contraire, appliquer la méthode que « les dieux nous ont transmise, méthode de recherche, de découverte et d'enseignement » qui consiste, « puisque les choses sont ainsi ordonnées, à poser toujours en quelque ensemble que ce soit, et chercher en chaque cas, une forme unique — on l'y trouvera en effet présente. Si donc nous l'appréhendons, après cette forme unique, il [importe] d'examiner s'il y en a deux, et sinon deux seulement, trois ou quelque autre nombre; puis faire le même examen pour chacune de ces unités nouvelles jusqu'à ce que, de cet Un primitif, on voie non seulement qu'il est un, et multiple, et infini, mais aussi quelle quantité précise il atteint; quant à la forme de l'infini (il convient) de ne pas l'appliquer à la multitude avant d'avoir saisi quel nombre total celle-ci réalise dans l'intervalle entre l'infini et l'Un; alors seulement (il faudra) laisser chacune des unités de cet ensemble se disperser dans l'infini » (16 CD).

Si l'on ne suit point une telle méthode, si l'on néglige les intermédiaires entre l'un et l'infini, entre ce qui est limité et ce qui ne l'est pas, l'on tombe dans l'éristique et l'on imite le dialecticien de fraîche date qui, devant un problème, « exulte de plaisir, aussi fier que s'il eût découvert un trésor de sagesse, il jouit de ne laisser en repos aucun argument, tantôt ramassant et brassant tout en un, tantôt au contraire, développant et détaillant, se jetant lui-même et plus que tout autre, en perplexités et entraînant tous ceux qui l'entourent » (15 D).

Aux yeux de Platon, la réalité profonde est, avons-nous vu, la résultante des rapports de l'Un et du Multiple, de la Limite et de l'Illimité, mais ces deux couples d'éléments constitutifs ne se retrouvent point dans leur pureté absolue au sein des diverses parties de l'univers. Chaque être, fruit des relations entre l'un et le multiple, la limite et l'illimité, constitue un mode particulier de l'union de ces divers principes. Ceux-ci ne se conjuguent pas toujours de la même manière : tantôt l'Un domine, et tantôt le Multiple, tantôt l'infini l'emporte, et tantôt la limite. Leurs rapports, profondément diversifiés, se révèlent susceptibles d'être mesurés; radicalement variables selon les objets et les perspectives que l'on choisit, ils constituent, aux yeux du philosophe athénien, un vaste réseau où ils se retrouvent sous une forme toujours particulière et profondément originale en chaque être qu'ils composent.

Il ne s'agit donc pas d'en rester à ces principes (limite et illimité, unité et multiplicité) isolément conçus, mais il importe de mesurer et de préciser leurs rapports mutuels. Si l'on s'adonne à une telle tâche, si l'on dévoile peu à peu un réseau de relations susceptibles d'être mathématiquement exprimées, relations allant toujours en se multipliant et en se subtilisant, la réalité profonde, ainsi structurée, apparaît une en tant qu'elle constitue un ensemble d'unités imbriquées si l'on ose dire, les unes dans les autres, et multiple en tant qu'elle se compose d'entités contradictoires et disparates, n'ayant entre elles que peu de traits communs — du moins en apparence. Chacune de ces entités s'oppose aux autres et les complète, s'en distingue et les compénètre; il importe d'en préciser tous les rapports sans en négliger aucun. C'est pourquoi si l'on veut pénétrer au cœur de la réalité, il ne faut point, prenant une unité quelconque, porter aussitôt le regard vers la nature de l'infini, mais plutôt vers un nombre précis; de même, et inversement, lorsqu'on est forcé de prendre comme début l'infini, ne faut-il pas aller tout de suite à l'Un, mais cette fois encore, à un nombre qui offre à la pensée une pluralité déterminée, et n'en venir finalement à l'Un qu'après avoir épuisé tout l'ensemble » (18 AB).

Platon estime donc que l'esprit est capable d'exprimer en termes et en rapports mathématiques les relations unissant l'un, le multiple et leurs intermédiaires, ces intermédiaires qui constituent un troisième genre, mélange des deux premiers ainsi que l'affirme Socrate quand il déclare : « Posons nos espèces et comme troisième une autre, faite de leur mélange » (23 C). Le philosophe athénien pense que la réalité profonde — quelle que soit sa diversité apparente — peut nous être plus ou moins précisément connue grâce à la science dialectique, discipline assurément fort rude, mais d'autant plus féconde.

L'Un et le Multiple, principes fondamentaux de la réalité en tant qu'elle se mathématise, s'identifient aux genres que nous avons déjà cités : la limite et l'illimité. La limite possède un ensemble de caractères analogues à ceux de l'Un tandis que l'illimité offre de profondes similitudes avec le Multiple. De telle sorte que l'univers — et chaque élément de celui-ci — apparaît comme la résultante des relations de l'un et du multiple, de la limite et de l'illimité, de même que du mélange de ces genres. Chaque Idée participe au fini et à l'infini, elle se mélange aux autres dans la mesure où elle se constitue de multiple, et demeure immuable dans la mesure où elle relève de l'Un.

Entreprenant une étude plus approfondie de chacun de ces genres, Socrate déclare, à propos de l'illimité : « Tout ce qui nous apparaît comme passant par le plus et le moins, comme susceptible du violemment, du doucement, de l'excessivement et de tous autres caractères pareils, tout cela, nous devons le ranger sous l'unité que constitue le genre de l'infini, nous conformant ainsi à la règle que nous posions tout à l'heure, si tu t'en souviens, de rassembler tout ce qui est désuni et divisé pour lui imposer, autant que possible, la marque d'une nature unique » (25 A).

Le « plus », le « moins », le « doux », l'« excessif », autant de termes, n'est-il pas vrai, imprécis, malaisément traduisibles en nombres ou en rapports rigoureux ? S'unissant à certains objets, ils en détruisent les structures mathématiques. N'indiquant ni la quantité en plus ou moins, ni le degré de violence, de douceur ou d'excès, ils mènent à l'indéfini, à l'illimité : « Partout où ils sont, en effet, ils empêchent la réalisation d'une quantité précise... Ils vont toujours de l'avant et jamais ne demeurent, au contraire de la quantité définie qui est arrêt et cessation de tout progrès... » (24 CD).

Par contre, tout ce qui refuse ces caractères et « accepte plutôt leurs contraires, d'abord l'égal et l'égalité et puis après l'égal, le double et tout ce qui se comporte comme nombre à nombre, mesure à mesure » appartient au principe du déterminant et de la limite (25 AB). Tout ce qui est réductible en rapports ou en quantités mathématiques précises entre dans la catégorie du défini et du rigoureux.

Après avoir brièvement montré ce qu'il fallait entendre par limite et non-limite, Socrate en vient à rechercher la nature du mélange de ces deux principes. La tâche n'est point aisée : une prière au Dieu se révèle indispensable.

Les réalités composées d'indéfini et d'illimité demeureraient irréductibles les unes aux autres si le principe du déterminant n'intervenait pas et ne rendait ces réalités (idéales aussi bien que sensibles) commensurables. Les facteurs de mesure, de précision et de rigueur « mettent fin à l'opposition mutuelle des contraires » (25 E). Ils engendrent, unis au principe de l'illimité, un ensemble de réalités (idéales et sensibles) dont tous les hommes jouissent : il s'agit, entre autres, de la musique, des saisons, de la santé et de l'amour, choses assurément très disparates, mais qui, toutes, constituent le fruit de l'union des deux premiers genres : la limite et l'illimité. Ce mariage forme un troisième principe, « unité de tout ce que les deux autres engendrent, et qui vient à l'être par l'effet des mesures qu'introduit la limite » (26 D).

Mais une question se pose alors : n'est-il pas nécessaire que « tout ce qui naît, naisse par l'action d'une cause ? » (26 E). N'est-il pas impossible que « quoi que ce soit puisse naître sans cause ? » (*Timée*, 28 A). Il nous faut en conséquence découvrir et poser un quatrième principe, source des trois premiers. Il complète la série que Socrate résume ainsi :« Je mets donc premier l'infini, deuxième, la limite, puis troisième, l'existence produite du mélange des deux autres; quant à la cause du mélange et de la production, la dire quatrième n'est point déplacé » (27 BC). Les rapports de ces quatre principes constituent, aux yeux du philosophe athénien, la réalité profonde. L'entrelacement si l'on ose dire de l'infini et de la limite, source du mixte, provoque et explique la complexité de l'univers idéal. Ces relations forment en quelque sorte le substrat d'une réalité multiforme quoique profondément unifiée. De tels rapports suppriment les paradoxes d'un monde autrement incompréhensible. Platon l'a bien compris et c'est pourquoi il élabore une métaphysique centrée sur le pluralisme des principes fondamentaux.

Le *Sophiste* nous présente cinq genres constitutifs de la réalité profonde : l'être, le mobile, l'immobile, le même et l'autre. Le *Philèbe* nous en propose quatre, fort différents des premiers : la limite, l'illimité, le mixte et la cause.

Si Platon abandonne dans le deuxième dialogue les principes qu'il découvre dans le premier, ce n'est évidemment point parce qu'il croit avoir commis une erreur qu'il tenterait de corriger, c'est parce que l'univers idéal est à ses yeux infiniment complexe et qu'il constitue un vaste ensemble de relations entre divers principes apparemment contradictoires, relations dont certaines s'estompent pour ainsi dire au profit d'autres selon les perspectives que l'on choisit. Les catégories ontologiques du *Philèbe* ne contredisent en aucune manière celles du *Sophiste*. Elles ne font qu'expliciter la réalité fondamentale sous un angle qui leur est propre. Elles se révèlent, dans cette perspective, complémentaires des principes du *Sophiste*.

SOCRATE ET DESCARTES (I)

Socrate et Descartes ont profondément rénové la pensée philosophique de l'Occident. Etablir un parallèle entre ces deux maîtres et rechercher ce qui les unit, de même que ce qui les différencie, peut nous aider à mieux les comprendre [1].

Précisons d'abord, afin d'éviter tout malentendu, que le Socrate évoqué en ces quelques pages est le maître de Platon, celui que le philosophe athénien a si magistralement mis en scène tout au long de ses dialogues. Il ne s'agit donc pas du Socrate d'Aristophane ou de Xénophon, personnage assurément haut en couleurs mais dont l'envergure est loin d'égaler celle du héros platonicien.

---

[1] Ce chapitre constitue le premier volet d'un diptyque. Il traite de ce qui rapproche Descartes de Socrate. Le chapitre suivant analyse ce qui les sépare.

Ajoutons que ces quelques pages ne constituent nullement une exégèse des pensées socratique et cartésienne. Elles ne tendent qu'à esquisser une certaine manière de les comprendre.

Le problème se pose d'ailleurs (mais peut-il être résolu... ?) de savoir dans quelle mesure ces trois écrivains respectent le caractère et la pensée du Socrate authentique. Chacun d'eux en esquisse une silhouette selon son propre tempérament et dans une perspective qui lui est particulière : Aristophane, aimant la caricature, le dépeint sous les traits d'un sophiste retors et quelque peu illuminé; Xénophon, plus favorable, en fait un philosophe dépourvu, semble-t-il, d'éclat; Platon, penseur de génie, l'élève à son niveau et lui prête, autant qu'une profonde droiture morale, une subtile agilité d'esprit. Dans quelle mesure cependant demeure-t-il fidèle au personnage historique ? Qui oserait répondre à une semblable question ? Les certitudes nous manquent en effet sur l'origine du sage athénien, sur son activité durant de nombreuses années, sur la manière dont il acquit sa formation philosophique, sur l'influence qu'il exerça réellement (une telle influence fut indéniable, encore faudrait-il la préciser... ?) C'est pourquoi le Socrate platonicien ne peut être, à coup sûr, qu'une recréation, incomplète autant que partiale, du personnage historique [2]. Ce qui ne veut pas dire d'ailleurs que le maître de Platon se voit réellement trahi dans les dialogues de son disciple : on peut lui appliquer, nous semble-t-il, ce qu'Albert Rivaud déclare de Parménide tel que le philosophe athénien nous le présente : « Platon nous apprend non seulement ce que Parménide a dit mais ce qu'il aurait dû dire s'il avait été jusqu'au bout [3]. » De même que Platon développe en ses

_____

[2] Il n'est point douteux par exemple que le Socrate de la maturité et de la vieillesse platoniciennes s'éloigne toujours davantage (mais dans quelle exacte proportion... ?) du Socrate tel que ses contemporains le connurent, de celui qui s'entoura de jeunes gens, les exhorta à se découvrir eux-mêmes et but finalement la ciguë...

[3] A. Rivaud, _Platon, auteur dramatique,_ in _Revue d'histoire de la philosophie,_ 1927, p. 137.

conséquences les plus extrêmes la pensée de Parménide, de même il pousse jusqu'au terme de ses conclusions les plus éloignées la philosophie socratique. La trahison dont il se rend coupable n'est alors, oserait-on dire, qu'apparente : il déforme, il recrée pour mieux découvrir, pour mieux retrouver ce qu'Albert Rivaud nomme « les essences de ses modèles, (ce qui se révèle) sous leurs apparences périssables : parti-pris de l'art grec, soucieux d'idéalisme et de réalisme » [4].

Cette mise au point terminée, il nous reste à entreprendre l'esquisse d'un parallèle entre le sage athénien et le maître de la philosophie française...

Nous remarquerons d'abord que tous deux témoignent d'une exigence identique : ils veulent illuminer toutes choses d'une clarté rationnelle rigoureusement poursuivie. Dans ce but, ils insistent sur la nécessité d'acquérir une méthode qui donne du réel une connaissance certaine autant que profonde, une connaissance rigoureuse autant que fondée. Et c'est pourquoi l'un — Socrate — lutte contre la vaine éristique des sophistes et l'autre — Descartes — attaque le dogmatisme qui trop souvent tente les scolastiques de son époque. Tandis que Socrate rejette l'amoralisme foncier des sophistes, ces « faux docteurs » qui, tout à la fois, méprisent et adulent le peuple, le traitant « comme un enfant auquel ils veulent plaire avant tout, sans s'inquiéter de savoir s'ils le rendent meilleur ou pire » par les avis et les conseils qu'ils lui donnent [5], Descartes, jeune encore mais l'esprit déjà en éveil, considère d'un œil critique l'enseignement des Pères de la Compagnie au Collège de La Flèche, réputé cependant comme l'un des meilleurs de France sinon

[4] A. Rivaud, *op. cit.*, p. 137.
[5] Platon, *Gorgias*, 502 e.

d'Europe et assurément peu enclin au laxisme et à la paresse intellectuelle. Il écrit :

> Sitôt que j'eus achevé tout ce cours d'études au bout duquel on a coutume d'être reçu au rang des doctes, je changeai complètement d'opinion (à savoir que par l'étude des lettres on pouvait acquérir une connaissance claire et assurée de tout ce qui est utile à la vie). Car je me trouvais embarrassé de tant de doutes et d'erreurs qu'il me semblait n'avoir fait aucun profit, en tâchant de m'instruire, sinon que j'avais découvert de plus en plus mon ignorance. Et néanmoins, j'étais en l'une des plus célèbres écoles de l'Europe, où je pensais qu'il devait y avoir de savants hommes, s'il y en avait en aucun endroit de la terre. J'y avais appris tout ce que les autres y apprenaient; et même, ne m'étant pas contenté des sciences qu'on nous enseignait, j'avais parcouru tous les livres traitant de celles qu'on estime les plus curieuses et les plus rares, qui avaient pu tomber entre mes mains (*Discours de la Méthode*, Première Partie).

Alors que Socrate condamne le pragmatisme outré des sophistes et attaque leur scepticisme stérile, Descartes refuse les méthodes, à ses yeux vieillies, des philosophes scolastiques. Il ne se soumet en aucune façon à l'autorité arbitraire du « magister dixit » et refuse toute pensée qui ne repose point sur une argumentation précise, rigoureuse et purement abstraite [6].

Nos deux philosophes s'opposent ainsi à la pensée de leur époque — le scepticisme d'une part, un certain

---

[6] Nous ne voulons nullement prétendre qu'à cette époque la philosophie scolastique n'était plus que dogmatisme sclérosé. Elle demeurait vivante et un souci incontestable de la vérité l'animait encore. Mais elle se montrait incapable de se renouveler, de briser ses propres cadres, ceux d'une philosophie assurément intéressante mais qu'il importait de dépasser dans la mesure où l'on voulait découvrir le monde selon une nouvelle perspective, celle qu'Aristote ou S. Thomas d'Aquin ne pouvait envisager, celle que Descartes et les scientifiques de son temps allaient choisir. Au surplus, ainsi que l'a fort bien montré M. Etienne Gilson, l'influence de la philosophie scolastique sur le penseur français fut indéniable quoique peu apparente.

dogmatisme de l'autre — et ne revendiquent pour l'esprit qu'une vocation : comprendre le réel dans la complexité de ses nuances les plus fines sans se soumettre au jeu de paradoxes illusoires ou à l'arbitraire d'une autorité qui ne fût point celle de la raison critique.

Socrate et Descartes eurent, dès leur prime jeunesse, le désir passionné de connaître le monde et l'âme humaine. Le philosophe athénien déclare dans le *Phédon* : « Quand j'étais jeune, étonnante était la passion que j'éprouvais pour cette science que l'on nomme histoire naturelle » (96 *a*). Il se met souvent « la tête à l'envers » en abordant certains problèmes biologiques, chimiques, mathématiques tandis qu'il opère une révolution profonde en plaçant l'homme au centre de sa réflexion philosophique, en le considérant comme l'auteur de son propre salut, en recherchant les critères d'une éthique en harmonie avec sa nature profonde. Dès le début de ses méditations, il réfléchit sur les richesses et les limites de la condition humaine et jette les fondements de ce qu'on nommera plus tard une anthropologie.

De son côté, Descartes, bien qu'il ne fût encore qu'un jeune garçon, révèle un goût prononcé pour l'étude. Il ne se contente pas du programme ordinaire des cours mais s'efforce d'élargir son horizon intellectuel : souvenons-nous de ce qu'il écrit dans le *Discours de la Méthode* :

> Ne m'étant pas contenté des sciences qu'on nous enseignait, j'avais parcouru tous les livres traitant de celles qu'on estime les plus curieuses et les plus rares, qui avaient pu tomber entre mes mains. (Première Partie).

Une telle curiosité d'esprit surprend son entourage qui ne le nomme plus que « philosophe »... Descartes, tout comme Socrate, éprouve devant la réalité cet étonnement, cette inquiétude propres à ceux que les apparences ne satisfont pas et qu'un désir d'absolu anime profondément. Tous deux repoussent les préjugés et les idées communément reçues, les raisonnements simplistes, les conclusions hâtives. Tous deux perçoivent avec acuité le mystère et la complexité du monde. A leurs yeux, l'être humain constitue, si l'on ose dire, une espèce de pierre d'achoppement, qui les heurte et les blesse dans la mesure où il leur demeure incompréhensible, dans la mesure où il échappe sans cesse à leur prise et les désarçonne en quelque sorte par là-même. Tous deux le scrutent avec autant d'humilité que de passion. Ils se mettent, pour ainsi dire, à son école...

Tous deux possèdent le goût d'humaniser le monde, de le rendre transparent à l'esprit afin d'en apprivoiser les puissances inconnues, afin d'en réaliser l'unité profonde, cette unité si chère au cœur de l'homme. Plus que tout autre, ils ont ce désir d'abattre les croyances supersticieuses, de détruire les raisonnements pseudo-scientifiques, de rendre apaisant un monde qui ne l'est pas. Plus que tout autre, ils pourchassent les faux-fuyants, les cercles vicieux et les sophismes d'autant plus répandus qu'ils ont l'apparence de la sagesse et qu'ils incitent l'homme à vivre dans la facilité du pseudo « bon sens ».

D'autres similitudes apparaissent encore : Socrate et Descartes ont connu tous deux une crise de scepticisme profond dont la source se situe dans les erreurs et les contradictions de leurs certitudes initiales. Un examen critique les a rapidement convaincus en effet de la vacuité et de l'incohérence de leur première culture scientifique. Socrate le reconnaît sans ambage :

> Cette recherche, dit-il, (cette réflexion) avaient produit en moi un si radical aveuglement que je désapprenais jusqu'à ces choses qu'auparavant je m'imaginais savoir... (*Phédon, 96 c*).

De son côté, Descartes n'écrit-il pas :

> ... considérant combien il peut y avoir de diverses opinions tou-

chant une même matière, qui soient soutenues par des gens doctes, sans qu'il y en puisse avoir jamais plus d'une seule qui soit vraie, je réputais presque pour faux tout ce qui n'était que vraisemblable (*Discours de la Méthode*, Première Partie).

Semblable déconvenue, semblable scepticisme attendent l'être humain qui s'est engagé dans la voie d'un approfondissement de ses méditations, d'un élargissement de son horizon spirituel. Jugements sommaires, opinions communément admises, conceptions hâtivement élaborées ne le satisfont plus. Il tente de déceler le secret des choses, de découvrir leur signification profonde, c'est-à-dire ce qui se situe au-delà des apparences. Mais il ne peut échapper aux obstacles qui parsèment la route menant à un tel idéal. lorsqu'il s'efforce de dépasser une connaissance qui lui paraît trop courte, il éprouve la tentation du scepticisme, tentation normale au demeurant mais à laquelle il ne peut succomber s'il veut poursuivre ce qu'il a si bien entrepris.

Le mérite de ces deux philosophes est d'avoir vaincu ce redoutable obstacle, est d'avoir constitué une méthode de raisonnement qui, par delà un scepticisme destructeur de certitudes initiales insuffisamment fondées, a été la source d'un ensemble de nouvelles connaissances empreintes d'une rigueur de pensée exempte de toute fragilité, dépourvue de toute confusion.

Les principes méthodologiques que Descartes expose dans son *Discours de la Méthode* et ceux qui régissent la dialectique de Socrate ont entre eux une parenté que nous devons reconnaître car elle nous permet de saisir la manière dont ces deux philosophes ont dépassé la tentation du scepticisme, car elle nous aide à découvrir la signification d'une méthode particulièrement fructueuse.

Descartes témoigne d'une exigence essentielle : il veut...

... ne comprendre rien de plus en ses jugements que ce qui se présenterait si clairement et si distinctement à son esprit qu'il n'eût aucune occasion de le mettre en doute (*Discours de la Méthode*, Seconde Partie).

Il n'admet que les raisonnements d'évidence, ceux dont la rigueur s'impose d'emblée à l'esprit qui n'y trouve plus matière à douter, quelle que soit son envie et pour quelque motif que ce soit. Semblables aux idées claires et distinctes, de tels raisonnements possèdent un caractère limpide, démonstratif et exempt de toute ambiguïté. Leur lecture est immédiate, leur compréhension complète, leur interprétation précise. Ils se justifient eux-mêmes et ne dépendent d'aucun élément extérieur. Leur indubitabilité, leur intelligibilité se fondent sur les lois de l'activité rationalisante de l'esprit.

Mais Descartes sait qu'il ne peut élaborer de semblables raisonnements s'il ne se soumet pas à certaines règles précises qu'il se doit d'observer dans la mesure où il veut atteindre une science authentique. C'est pourquoi il entreprend de « diviser chacune des difficultés qu'il examine en autant de parcelles qu'il se pourrait et qu'il serait requis pour les mieux résoudre » (*Discours de la Méthode*, Seconde Partie). Une semblable division se révèle efficace dans la mesure où elle réduit les obstacles que rencontre l'esprit au moment où il aborde un problème épineux. En démêler tous les éléments, les distinguer les uns des autres, préciser leurs similitudes, éclairer leurs différences, les hiérarchiser en une structure aussi rigoureuse que nuancée, telle est la tâche que s'assigne la méthode cartésienne. L'esprit ne peut y atteindre que s'il conduit...

... par ordre ses pensées, en commençant par les objets les plus simples et les plus aisés à connaître pour monter peu à peu comme par degrés, jusques à la connaissance des plus composés (*Discours de la Méthode*, Seconde Partie).

Ce travail de division, de structuration et d'analyse s'effectue progressivement. Il constitue une montée, lente mais d'autant plus sûre, de l'esprit vers les régions les plus hautes (c'est-à-dire les plus complexes) de la connaissance, à partir des raisonnements les plus simples et les plus obvies. Il constitue un long effort d'intellection qui exige de l'esprit autant de patience que de sagacité, autant d'humilité que de rigueur. C'est à ce prix que l'homme vaincra les plus grosses difficultés, qu'il résoudra les problèmes les plus délicats et les plus embrouillés. C'est en appliquant une semblable méthode qu'il bâtira une science respectant les exigences aussi bien de la réalité que de l'esprit. Cheminer du simple au complexe, du défini à l'indéfini, du clair à l'obscur, telle est la voie que suit Descartes, telle est celle qu'il nous conseille et qu'il met en application dans son *Discours de la Méthode*. A ses yeux, elle seule se révèle fructueuse, elle seule applique les quatre principes fondamentaux que notre philosophe résume en peu de mots...

... ne recevoir jamais aucune chose pour vraie que je ne la connusse évidemment être telle; c'est-à-dire éviter soigneusement la précipitation et la prévention, et ne comprendre rien de plus en mes jugements que ce qui se présenterait si clairement et si distinctement à mon esprit que je n'eusse aucune occasion de le mettre en doute... diviser chacune des difficultés en autant de parcelles qu'il se pourrait... conduire par ordre mes pensées en commençant par les objets les plus simples... pour monter peu à peu... jusques à la connaissance des plus composés et supposant même de l'ordre entre ceux qui ne se précèdent point naturellement les uns des autres... faire partout des dénombrements si entiers et des revues si générales, que je fusse assuré de ne rien omettre (*Discours de la Méthode,* Seconde Partie).

Il faut donc éviter les idées préconçues aussi bien que les conclusions hâtives. La prévention et la rapidité dans le jugement compromettent le bon exercice de la raison, elles entraînent l'esprit en des voies sans issue. C'est pourquoi une lenteur calculée, une progression circonspecte réussissent là où la précipitation aurait lamentablement échoué. N'est-il pas vrai en effet...

> ... qu'en toute question l'inconnu, qui doit malgré tout exister, car autrement la recherche serait vaine, soit désigné par des conditions si précises, que nous soyons entièrement déterminés à chercher une chose plutôt qu'une autre. Ce sont ces conditions dont nous avons dit qu'il faut tout d'abord entreprendre l'examen : ce qui se fera en tournant les forces de notre esprit de manière à avoir l'intuition distincte de chaque chose, et en cherchant avec soin jusqu'à quel point l'inconnu que nous cherchons est circonscrit par chacune d'elles; car, en cette matière, l'esprit humain se trompe ordinairement de deux façons, soit en prenant plus qu'il n'est donné pour déterminer une question, soit au contraire en oubliant quelque chose (*Règles pour la direction de l'esprit*, XIII).

Trop de hâte ne permet point de préciser comme il faut ce que l'on doit découvrir, ce que l'on doit comprendre. Il importe donc de prendre le temps nécessaire à cette recherche et d'effectuer, durant l'examen, les détours indispensables à l'intellection complète du problème posé. C'est en appliquant une semblable méthode que l'esprit respectera le principe, si utile, des « dénombrements entiers » et des « revues générales », constituant ainsi de longues chaînes de raisons propres à lui révéler les éléments les plus complexes d'une réalité rationalisée, pourvu qu'il les égrène dans l'ordre. Il doit se garder néanmoins « de supposer plus de choses et de plus précises qu'il n'en a été donné » (*Règles pour la direction de l'esprit*, XIII).

A force de rechercher et de préciser les données d'un problème, l'on risque de mêler un grand nombre de questions dans la mesure où l'on tente d'accumuler les renseignements sur ce que l'on envisage alors qu'il convient justement de distinguer ces questions en les négligeant toutes au profit d'une seule, quitte, celle-ci résolue, à en aborder une seconde et ainsi de suite. Cela ne veut pas dire que l'on doit isoler — sinon séparer — trop radicalement les diverses propositions que l'esprit a peu à peu élaborées. Descartes nous recommande au contraire de parcourir d'un seul mouvement et d'une manière instantanée une longue chaîne de raisons :

> Après que nous avons eu l'intuition de quelques propositions simples, si nous en déduisons quelque chose, il est utile de les parcourir d'un mouvement de pensée continu et ininterrompu, de réfléchir à leurs relations mutuelles et, autant que cela est possible, de concevoir distinctement plusieurs choses à la fois : car c'est ainsi que notre connaissance acquiert beaucoup plus de certitude et la puissance de notre esprit une plus grande étendue (*Règles pour la direction de l'esprit*, XI).

Cet exercice assouplit la mémoire en même temps que l'intellect. Celui-ci, rassemblant diverses propositions dans un même regard compréhensif, en découvre plus aisément les rapports mutuels et les retient par là-même avec plus de facilité, ce qui lui permet d'en déduire d'autres qui l'éclairent à leur tour sur les précédents.

Telle est, trop brièvement esquissée, la méthode cartésienne.

Socrate entend, lui aussi, clarifier l'obscur, structurer le complexe, unifier le multiple. Il constitue dans cette intention la dialectique qui, progressant d'hypothèse en hypothèse mais les rejetant l'une après l'autre parce qu'insuffisantes, remonte jusqu'au principe ultime, source de tout raisonnement. Une telle méthode engendre seule la science, seule elle en dégage et en respecte les critères, seule elle libère l'esprit de l'erreur et de l'illusion en lui révélant, au terme d'un long effort, le monde idéal. Elle se déroule en deux phases successives et complémentaires. La première .

se définit ainsi : « Vers une forme unique mener, grâce à une vision d'ensemble, ce qui est en mille endroits disséminé, afin que, par la définition de chacune des unités, on fasse voir clairement quelle est celle sur laquelle on veut en chaque cas, faire porter l'instruction » [7]. Ce premier travail de l'esprit constitue la dialectique ascendante ou « sunagogè ». Celle-ci tente, par étapes, de découvrir « l'unité naturelle d'une multiplicité », le principe qui résume et donne leur raison d'être aux objets multiples et disséminés [8]. Elle opère ainsi un rassemblement de plus en plus général de notions éparses mais possédant toutefois certains caractères communs. Elle vise à déceler ces caractères et à les mettre en relief. Elle unifie, si l'on ose dire, la multiplicité de ces notions en isolant, à la suite d'une longue et patiente analyse, un principe unique qui en constitue la source et le fondement. Elle y aboutit par une réduction à un dénominateur commun et par la formation d'unités toujours plus générales, embrassant un plus grand nombre de concepts. Ces unités, à mesure qu'elles s'élargissent, en englobent d'autres, plus restreintes, et en acquièrent une plus grande intelligibilité. C'est ainsi qu'au terme de son effort, le dialecticien atteint un principe ultime qui n'a plus rien d'hypothétique, qui explique mais demeure inexpliqué.

La méthode socratique se révélerait cependant incomplète si elle se limitait à la « sunagogè », à ce mouvement ascendant dont le but est de nous donner une connaissance exacte des principes de l'univers. Tout n'est pas dit lorsque l'intelligence est arrivée au terme de cette progression dialectique. La science que nous avons de la réalité demeurerait imparfaite si elle se limitait à une intuition du

---

[7] Platon, *Phèdre*, 265 *d*.
[8] Platon, *République*, 518 *d*.

fondement ontologique de l'univers. Ainsi que le déclare Socrate, à partir de cet Un essentiel (que la « sunagogè » nous a fait découvrir), il faut...

> ... être capable, en retour, de détailler par espèces, en observant les articulations naturelles, et s'appliquer à n'en casser aucune partie, en évitant les façons d'un méchant dépeceur [9].

Le maître de Platon ajoute un peu plus loin :

> C'est de cela, Phèdre, que je suis amoureux... : de ces divisions et de ces rassemblements, en vue d'être capable de parler et de penser. Ce qui est vrai, c'est que les hommes qui sont aptes à ce faire (ai-je raison ou non de les désigner ainsi ? Dieu le sait...) jusqu'à présent en tout cas, je les appelle les dialecticiens [10].

On le voit : si la « sunagogè » est basée sur « la régression aux principes », si elle est une tentative toujours plus poussée d'atteindre une unité toujours plus totale, la dialectique descendante ou « diairesis » pratique, elle, « la division par espèces » et parcourt en sens inverse le chemin suivi par la « sunagogè ». Elle part du principe universel pour redescendre vers les réalités multiples. Elle les hiérarchise et les structure. Sa tâche se révèle essentiellement logique, elle ne fait plus « aucun usage d'aucune donnée sensible » mais « passe d'une idée à une idée pour aboutir à une idée » [11]. Elle détaille par espèce en observant les articulations naturelles [12]. Alors qu'une multiplicité confuse et indéterminée constitue le point de départ de la dialectique ascendante, la « diairesis » aboutit à une multiplicité définie, logiquement structurée, rationnellement hiérarchisée, « celle qui est faite de toutes les différences » selon

9 Platon, *Phèdre*, 265 *c*.
10 Platon, *Phèdre*, 266 *b*.
11 Platon, *République*, 511 *c*.
12 Platon, *Phèdre*, 265 *e*.

l'excellente formule de Léon Robin [13]. La dialectique descendante les découvre et les cerne de tout près; elle permet à l'esprit de constituer les espèces distinctes et lui révèle une « forme » dans l'unité de laquelle il n'aperçoit plus aucune différence qui puisse se définir et donner lieu à un progrès dans la spécification, c'est l'espèce indivisible [14].

On le voit : la « diairesis » achève la tâche de la « sunagogè ». Alors que celle-ci décèle les principes ultimes et unifie la réalité en la fondant sur un ensemble de notions et d'idées peu nombreuses, hiérarchisées et extrêmement générales, la dialectique descendante part de ces principes pour rationaliser la multiplicité du monde, primitivement indéterminée. La tâche de la « diairesis », exclusivement logique, structure cette multiplicité et y décèle mille rapports. Elle vise à classer, diviser, ranger selon quelques critères rigoureux et en catégories précises les divers éléments de l'univers.

Si l'on compare la méthode cartésienne à celle de Socrate, il apparaît dès l'abord que la première phase de la dialectique, telle que le maître de Platon la définit et l'exerce, ne se retrouve pas chez Descartes : celui-ci ne fait mention nulle part d'une recherche de l'Unité, démarche préalable autant que nécessaire à l'œuvre rationalisante de la « diairesis » dont les critères coïncident sans la moindre équivoque avec les principes que Descartes expose dans les *Règles pour la direction de l'esprit* et le *Discours de la Méthode*. Il serait cependant, nous semble-t-il, dangereux, si l'on veut comprendre les rapports unissant les philosophies cartésienne et socratique, de s'en tenir à ce point de

---

[13] L. Robin, Notice au *Phèdre*, Les Belles Lettres, p. CLVIII.
[14] L. Robin, *ibid.*, p. CVIII.

vue assurément un peu court. Car si le penseur français, dans l'exposé de sa méthode, paraît négliger la recherche préliminaire de principes métaphysiques unificateurs, sources et fondements de la réalité, il n'en insiste pas moins sur l'obligation qu'a l'esprit d'acquérir une intuition claire et distincte de certaines idées, en conséquence de quoi une unité, une structure, un ensemble de rapports se dégagent. La méthode cartésienne, comme celle de Socrate, part d'un désordre inintelligible pour arriver, au terme d'un long processus, à la révélation d'un ensemble structuré, aussi précis que rigoureux, très différent de la confusion initiale. Elle s'inspire de critères analogues et procède d'une même volonté de découvrir le semblable dans le dissemblable, l'un dans le multiple et d'expliciter ce qui ne l'était point.

Une autre similitude entre ces deux penseurs réside dans leur goût pour le raisonnement de type mathématique. Descartes lui consacre de nombreuses pages dans ses *Règles pour la direction de l'esprit*. N'écrit-il point :

> J'aimerais ici que le lecteur ait le goût de l'arithmétique et de la géométrie, bien que je préfère qu'il ne s'en soit jamais occupé, plutôt que de les avoir apprises selon la méthode ordinaire : en effet, la pratique des règles que je vais donner est beaucoup plus facile pour apprendre ces sciences, où elle suffit pleinement, que pour tout autre espèce de question; et son utilité est si grande pour acquérir une plus haute sagesse, que je ne crains pas de dire que cette partie de notre méthode n'a pas été inventée pour résoudre des problèmes mathématiques, mais plutôt qu'il ne faut guère apprendre les mathématiques que pour cultiver cette méthode (*Règle XIV*).

Il y critique la manière dont ses contemporains envisagent l'enseignement des mathématiques mais ne manque pas d'en recommander l'étude non certes pour résoudre principalement certains problèmes de mathématique mais parce que l'esprit en retire de précieuses leçons de rigueur, de cohérence et de simplicité. Il écrit encore :

... Ces longues chaînes de raisons, toutes simples et faciles, dont les géomètres ont coutume de se servir pour parvenir à leurs plus difficiles démonstrations, m'avaient donné occasion de m'imaginer que toutes les choses qui peuvent tomber sous la connaissance des hommes s'entresuivent en même façon, et que, pourvu seulement qu'on s'abstienne d'en recevoir aucune pour vraie qui ne le soit, et qu'on garde toujours l'ordre qu'il faut pour les déduire les unes des autres, il n'y en peut avoir de si éloignées auxquelles enfin on ne parvienne ni de si cachées qu'on ne découvre (*Discours de la Méthode*, Seconde Partie).

Descartes ne nourrit pas seulement l'ambition d'élaborer une méthode scientifique qui s'inspirât de la géométrie et qui en eût tous les caractères : rigueur, précision, évidence, une méthode qui nous donnât du monde et de nous-mêmes une connaissance profonde autant qu'exacte, une connaissance certaine autant que définitive. A ses yeux, les critères des sciences mathématiques ne régissent point seulement toute science, quelle que soit la discipline envisagée : philosophie, psychologie, physique, histoire, etc., ils ne constituent point seulement la source et l'épine dorsale d'une recherche en quelque sorte unique, englobant toutes les disciplines et les harmonisant. Emerveillé de la rigueur et de la sûreté de semblables critères qui garantissent, convenablement observés, l'exactitude des démonstrations les plus complexes — pourvu que l'on respecte l'enchaînement d'évidences simples et faciles —, Descartes ne conçoit point seulement le projet de créer une science pan-mathématique et d'élaborer un ensemble de schèmes explicatifs du réel, il croit que de tels schèmes — purement logiques — reflètent en toute fidélité les structures du monde, les épousent si l'on ose dire en leurs moindres détails et ne sont dès lors qu'une reproduction servile de leur complexité, il croit, en d'autres termes, que l'univers se compose d'un ensemble d'éléments enchaînés les uns aux autres selon un ordre rigoureux, précis, évident, un ordre de nature mathématique, il croit dès lors qu'une science fondamentale, basée sur la méthode des géomètres, peut rendre raison du réel à l'exclusion de toute autre, et qu'elle en constitue ainsi un reflet fidèle, un reflet que personne ne peut contester ou mettre en doute. Par là-même, il entend réduire toute intuition, toute vérité à une intuition, à une vérité de type ou d'inspiration mathématique; tentative assurément audacieuse et téméraire dans la mesure où elle s'efforce d'imposer au réel un seul mode explicatif, feignant d'oublier la multiplicité des points-de-vues et des perspectives selon lesquels on peut l'étudier, téméraire encore dans la mesure où elle tend à nier l'originalité de chaque discipline, à en méconnaître les exigences particulières, à en sous-estimer les limites, téméraire enfin dans la mesure où elle aboutit à un mathématisme incapable d'expliciter les richesses variées de l'expérience humaine. Descartes, « ce cavalier français qui partit d'un si bon pas », féru de mathématiques, éprouva donc cette tentation qu'un grand nombre de philosophes ont connue : celle de vouloir emprisonner le monde dans le cadre d'une méthode et d'une pensée rigoureusement structurées, rigoureusement unifiées, méthode et pensée qui engloberaient le réel tout entier dans le but de réduire ou de supprimer tout hiatus et toute contradiction entre ses éléments, dans le but d'élaborer une science unique, d'application universelle.

Si l'on en vient à Socrate, rien n'est plus aisé de montrer son goût pour les mathématiques et leur type de raisonnement. Il suffit d'ouvrir la *République* de Platon pour en être convaincu. Ce dialogue, en son septième livre, s'interroge sur les sciences propres à former l'esprit et le cœur du philosophe. Il découvre que la première d'entre elles est l'arithmétique, cette science générale qui sert à tous les arts, à toutes les opérations intellectuelles, à toutes les sciences et que chacun doit apprendre parmi les premières (525 *d*). Elle permet à l'esprit de découvrir l'essence de l'un et du multiple, du fini et de l'infini. Elle lui parle de nombres qui ne dépendent que de la pensée et ne peuvent être maniés d'aucune autre façon (526 *a*). Elle l'aide ainsi à se tourner vers « la contemplation de l'être » et lui ouvre le chemin des réalités idéales.

Mais une autre science — la géométrie — se révèle particulièrement efficace dans la formation du jeune philosophe. Ce qu'elle étudie, en effet, ce ne sont point les propriétés d'un triangle, d'un trapèze ou d'un volume concret, mais celles d'un triangle, d'un trapèze ou d'un volume indépendant de l'espace sensible. Elle étudie les caractères du triangle, du trapèze ou du volume éternel, réalités sans cesse identiques à elles-mêmes et affranchies de toute contingence. Elle connaît donc « ce qui subsiste et non ce qui naît ou périt, à un moment donné » (527 *b*). En conséquence...

> ... elle se révèle propre à tirer l'âme vers la vérité et à faire naître l'esprit philosophique, qui élève nos regards vers les choses d'en haut, au lieu de les tourner, comme nous faisons, vers les choses d'ici-bas (527 b) [15].

[15] Socrate précise que le jeune philosophe étudiera ces sciences non dans un but utilitaire ou pratique mais dans une intention totalement désintéressée. Il s'adonnera à l'arithmétique « non point pour la faire servir comme les négociants et les marchands, aux ventes et aux achats mais... pour faciliter à l'âme elle-même le passage du monde sensible à la vérité et à l'essence... sans jamais souffrir qu'on introduise dans ses raisonnements, des nombres qui représentent des objets visibles ou palpables ». (525 *d*). De même, il étudiera la géométrie « non en praticien ni en vue de la pratique » (527 *a*) mais pour s'élever plus aisément dans la voie qui mène aux réalités spirituelles. Souvenons-nous ici de ce que Descartes nous recommande : « J'aimerais que le lecteur ait le

Mais ce n'est point seulement dans la *République* que Socrate affiche un goût prononcé pour les sciences mathématiques et en conseille l'étude au jeune philosophe. D'autres dialogues nous montrent qu'il en fait un usage fréquent. Le *Parménide*, entre autres, élabore une longue analyse de la génération du nombre dans le but de scruter l'essence de l'Un et d'en préciser les rapports avec l'Etre. Cette analyse reprend celle, classique, d'Euclide (VII, déf. 8-11) et aboutit à une conclusion philosophique : l'affirmation de la multiplicité infinie de l'Un [16].

Bien d'autres exemples montreraient le rôle essentiel des mathématiques dans la dialectique de Socrate. Platon, fidèle à la méthode et aux leçons de son maître, y recourt très fréquemment et bâtit un grand nombre de ses exposés en respectant ses critères et ses exigences. Ceci, d'ailleurs, ne peut nous étonner si nous nous souvenons de l'inscription qui ornait, au dire des Anciens, le fronton de l'Académie : « Que nul n'entre ici s'il n'est géomètre » [17]. Au surplus, qui ignore les recherches mathématiques et les découvertes effectuées dans son entourage immédiat ? Deux exemples suffiront à les rappeler : Théodore de Cyrène, l'un des maîtres de Platon, formulera la théorie des quantités irrationnelles et l'un des plus brillants mathématiciens

---

goût de l'arithmétique et de la géométrie; je ne crains pas de dire que cette partie de notre méthode n'a pas été inventée pour résoudre des problèmes mathématiques mais plutôt qu'il ne faut guère apprendre les mathématiques que pour cultiver cette méthode. » (*Règles pour la direction de l'esprit*, XIV).

Les deux pensées, les deux recommandations sont analogues; elles se rejoignent dans l'affirmation d'une étude indispensable des mathématiques dans un but essentiellement propédeutique... Arithmétique, géométrie, autant de sciences aptes à nous donner le goût de la rigueur, de la précision et de la logique...

[16] Platon, *Parménide*, 143 *d*-144 *a*.

[17] Philoponos, *Comment. in Arist.*, pp. 117, 26.

de son temps, Théétète, élaborera la construction des cinq solides réguliers que nous retrouvons dans le *Timée* (48 *b*). Ceci est une preuve de l'intérêt que l'Académie portait aux études mathématiques. Son action en ce domaine ne fut point négligeable.

Par ce nouveau biais, Socrate et Descartes se rejoignent et la méthode cartésienne, pour si neuve qu'elle apparaisse, n'en a pas moins dans la pensée grecque un modèle génial [18].

D'autres similitudes unissent encore les deux philosophes.

Dans le *Théétète*, Socrate déclare :

> enfanter en sagesse n'est point en mon pouvoir et le blâme dont plusieurs déjà m'ont fait opprobre, qu'aux autres posant questions, je ne donne jamais mon avis personnel sur aucun sujet et que la cause en est dans le néant de ma propre sagesse, est blâme véridique... Je ne suis moi-même à aucun degré sage et je n'ai, par devers moi, nulle trouvaille qui le soit et que mon âme à moi ait d'elle-même enfantée [19].

Loin de se présenter comme un homme habile en toutes espèces de sciences, Socrate se définit comme un être humain d'intelligence et de culture communes, incapable d'une pensée ou d'une création originale. Il n'est à ses yeux qu'un esprit sans finesse...

De même, Descartes ne se reconnaît point une intelligence supérieure :

---

[18] Les mathématiques jouent un rôle considérable dans la philosophie du disciple de Socrate; M. P.-M. Schuhl (*Etudes sur la fabulation platonicienne*, Paris, 1947, p. 32) précise « qu'il arrive que les mathématiques fournissent aux mythes leur armature; schème des séries de progression qui constituent la substance de l'âme du monde dans le *Timée;* schème de la proportion que l'imagination revêt de brillantes couleurs soit dans le mythe du *Phédon*, soit dans celui de la caverne ».

[19] Platon, *Théétète*, 150 *d*.

> Pour moi [écrit-il] je n'ai jamais présumé que mon esprit fût en rien plus parfait que ceux du commun : même, j'ai souhaité souvent d'avoir la pensée aussi prompte ou l'imagination aussi nette et distincte ou la mémoire aussi ample ou aussi présente que quelques autres (*Discours de la Méthode,* Première Partie).

Lui non plus ne s'estime guère doué d'une pénétration d'esprit exceptionnelle, ses facultés cognitives (pensée, imagination, mémoire...) lui semblent même inférieures à celles de ses amis. A coup sûr (comme pour Socrate), ne s'agit-il là que d'une modestie de convention. Descartes craignait sans doute, en esquissant une histoire de son évolution intellectuelle, de passer pour un fat ou un orgueilleux, d'autant plus qu'il se présentait comme l'inventeur d'une méthode nouvelle, non dépourvue d'audace. C'est pourquoi il prend ses précautions :

> Je ne saurais [déclare-t-il] aucunement approuver ces humeurs brouillonnes et inquiètes qui, n'étant appelées ni par leur naissance ni par leur fortune au maniement des affaires publiques, ne laissent pas d'y faire toujours, en idée, quelque nouvelle réformation; et si je pensais qu'il y eût la moindre chose en cet écrit par laquelle on me pût soupçonner de cette folie, je serais très marri de souffrir qu'il fût publié. Jamais mon dessein ne s'est étendu plus avant que de tâcher à réformer mes propres pensées, et de bâtir dans un fonds qui est tout à moi. Que si, mon ouvrage m'ayant assez plu, je vous en fais voir ici le modèle, ce n'est pas pour cela que je veuille conseiller à personne de l'imiter. Ceux que Dieu a mieux partagés de ses grâces auront peut-être des desseins plus relevés... (*Discours de la Méthode,* Première Partie).

Et c'est pourquoi il ne présente point son *Discours de la Méthode* comme un traité de grande profondeur philosophique :

> Mon dessein, [écrit-il] n'est pas d'enseigner ici la méthode que chacun doit suivre pour bien conduire en raison... mais ne proposant cet écrit que comme une histoire, ou, si vous l'aimez mieux, que comme une fable en laquelle, parmi quelques exemples qu'on peut

imiter, on en trouvera peut-être aussi plusieurs autres qu'on aura raison de ne pas suivre, j'espère qu'il sera utile à quelques-uns sans être nuisible à personne (*Discours de la Méthode,* Première Partie).

Conscient de ses limites et des particularités de chaque esprit, Descartes désire que l'on ne voie en son *Discours de la Méthode* qu'un exemple, parmi beaucoup d'autres, de formation intellectuelle. Il sait qu'un tel exemple se révèle toujours imparfait et ne convient pas à tout le monde [20].

[20] Il écrit: « La seule résolution de se défaire de toutes les opinions qu'on a reçues auparavant en sa créance n'est pas un exemple que chacun doive suivre. Et le monde n'est quasi composé que de deux sortes d'esprits auxquels il ne convient aucunement, à savoir : de ceux qui, se croyant plus habiles qu'ils ne sont, ne se peuvent empêcher de précipiter leurs jugements ni avoir assez de patience pour conduire par ordre toutes leurs pensées : d'où il vient que, s'ils avaient une fois pris la liberté de douter des principes qu'ils ont reçus et de s'écarter du chemin commun, jamais ils ne pourraient tenir le sentier qu'il faut prendre pour aller plus droit, et demeureraient égarés toute leur vie; puis, de ceux qui, ayant assez de raison ou de modestie pour juger qu'ils sont moins capables de distinguer le vrai d'avec le faux que quelques autres par lesquels ils peuvent être instruits, doivent bien plutôt se contenter de suivre les opinions de ces autres qu'en chercher eux-mêmes de meilleures (*Discours de la Méthode,* Première Partie).

De même, Socrate, dans le *Théétète* de Platon, déclare que parmi ses interlocuteurs, « il en est qu'il juge qu'ils ne sont en gestation d'aucun fruit (de vérité) ». Il en déduit qu'ils ne tireront nul profit de sa compagnie (151 *b*).

Le sage athénien estime donc qu'un certain nombre d'esprits se révèlent incapables d'acquérir la connaissance du monde idéal, apanage des amis de la sagesse. De semblables intelligences, quels que soient leurs efforts et leur bonne volonté, se montreront toujours impuissantes à engendrer de « belles pensées » et demeureront rétives aux exigences de la dialectique. Quelque grand que soit le bon vouloir de Socrate, celui-ci ne pourra les aider et devra leur découvrir d'autres guides, moins efficaces que le maître de Platon quoique fort capables de leur inculquer certaines connaissances assurément inférieures à la sagesse mais en harmonie avec les capacités réduites de semblables intelligences : « En toute

C'est pourquoi, loin de l'imposer, il ne fait que le soumettre au jugement de ses lecteurs et ne se reconnaît en aucune façon le talent ou l'autorité d'enseigner quoi que ce soit sur de semblables matières.

Socrate ne pense pas autrement lorsqu'il déclare :

> Ceux qui viennent à mon commerce, à leur premier abord, semblent, quelques-uns même totalement, ne rien savoir. Or tous, à mesure qu'avance leur commerce et pour autant que le dieu leur en accorde faveur, merveilleuse est l'allure dont ils progressent, à leur jugement comme à celui des autres. Le fait est pourtant clair qu'ils n'ont jamais rien appris de moi et qu'eux ont, dans leur propre sein, conçu cette richesse de beaux pensers qu'ils découvrent et mettent au jour [21].

Socrate n'enseigne rien à ses jeunes disciples. Mais par son exemple, mais par l'exercice de sa dialectique — critique aussi bien que maieutique — il les éveille à la vie de l'esprit et leur aiguise l'intelligence. Il les engage à penser d'une manière personnelle et à cultiver toujours ce qui leur est propre, ce qui leur appartient, non à répéter de confiance — ainsi que des perroquets — ce que d'autres leur ont dit ou enseigné. Il constitue le pédagogue idéal, celui dont Montaigne, plus tard, s'inspirera dans un de ses chapitres les plus célèbres, lorsqu'il décrira la conduite de tout vrai précepteur :

serviabilité, déclare Socrate, je m'entremets en faveur de ces esprits et, grâce au ciel, je conjecture très exactement de quelle fréquentation ils tireront profit. Il en est plusieurs que j'ai ainsi accouplés à Prodicos, plusieurs à d'autres hommes sages et divins » (*Théétète, 150 b*). (Remarquons en passant l'ironie de ces deux qualificatifs...) Plutôt que de condamner de tels esprits à l'ignorance complète, Socrate recherche les éducateurs qui leur conviennent, les sophistes qui ne sont point dépourvus d'une certaine habileté mais qui ne conduisent cependant point à la sagesse.

[21] Platon, *Théétète, 150 d*.

Je voudrais que, selon la portee de l'ame qu'il a en main il commençast a la mettre sur la montre, luy faisant gouster les choses, les choisir et discerner d'elle-mesme; quelquefois, luy ouvrant chemin, quelquefois, le luy laissant ouvrir. Je ne veux pas qu'il invente et parle seul, je veux qu'il escoute son disciple parler a son tour... Il est bon qu'il le face trotter devant luy pour juger de son train et juger jusques a quel poinct il se doibt ravaler pour s'accomoder a sa force... Qu'il luy face tout passer par l'étamine et ne loge rien en sa teste par simple authorite et a credit [22].

Incapable d'élaborer une doctrine personnelle (du moins, le prétend-il...), Socrate ne peut qu'éveiller à la sagesse (la leur...) ceux qui se confient à lui, ceux même « qui semblent ne rien savoir » (*Théétète*, 150 *d*). Il déclare :

Mon art maieutique a mêmes attributions que le leur (celui des accoucheuses); la différence réside en ce qu'il délivre les hommes, non les femmes, en ce que ce sont les âmes qu'il surveille en leur travail d'accouchement, non les corps. Mais le plus grand privilège de mon art est qu'il sait mettre à l'épreuve et discerner en toute rigueur ce qu'enfante la réflexion du jeune homme : apparence vaine et mensongère ou fruit de vie et de vérité... Cet art d'accoucher, moi qui vous parle, je l'ai reçu de Dieu, comme ma mère (*Théétète*, 150 ; 210 *c*.).

La dialectique de Socrate s'adapte toujours au point de vue et au caractère de chaque individu. Elle se déroule et se formule différemment selon le goût, l'esprit et la maturité des interlocuteurs de Socrate. Un exemple, entre beaucoup d'autres : dans le *Ménon*, notre philosophe commence par se soumettre à la volonté de son adversaire :

Si j'étais le maître de ta volonté, Ménon, comme de la mienne [déclare-t-il], nous n'examinerions pas si la vertu peut s'enseigner ou non, avant d'avoir recherché ce qu'elle est... Mais puisque tu ne fais aucun effort pour te dominer... sans doute afin d'être libre, et qu'en

---

[22] Montaigne, *Essais* I, XXVI.

outre tu as la prétention de me dominer — ce que tu fais, en effet — je me résigne à obéir : comment faire autrement... ? (86 *d*).

Socrate accepte d'examiner le problème de savoir si la vertu peut s'enseigner, avant d'aborder celui de sa nature car il sait que son interlocuteur se refuse à tout autre ordre de discussion et qu'il ne trouverait en conséquence aucun profit à suivre, ainsi contraint, la volonté socratique. Le maître de Platon admet de bouleverser le déroulement normal de la dialectique afin de satisfaire un interlocuteur inexpérimenté. Ainsi que l'écrit M. René Schaerer, « la vérité la plus objective n'est (aux yeux de Socrate) accessible que par des voies individuelles » (*La question platonicienne*, Paris-Neuchâtel, 1938, p. 66).

Pour Socrate, l'esprit n'est cependant point le créateur du contenu de la science : une preuve en est le refus catégorique et presque brutal que le philosophe athénien oppose à Protagoras lorsque celui-ci lui déclare avec tout le scepticisme du sophiste : « Si tu le désires, admettons que la justice soit sainte et la sainteté juste... » (*Protagoras*, 331 *c*). Le maître de Platon n'admet pas que la vérité ou l'inexactitude d'une assertion dépende du bon plaisir d'un individu :

> Ce n'est point pour les formules *si tu veux, si cela te plaît* que je réclame une démonstration, proteste-t-il (*Protagoras*, 331 *c*); peu importent les personnes, c'est la vérité que nous cherchons (*Sophiste*, 246 *d*).

De tout ceci, nous pouvons déduire que Socrate et Descartes ont en commun une réserve et une discrétion, signes de l'humilité philosophique bien comprise. Ils ne surestiment point leurs capacités, ils ne s'illusionnent point sur la profondeur de leur influence ou de leur rayonnement, ils reconnaissent la relativité foncière de tout jugement humain, la fragilité de toute conception pour brillante qu'elle puisse paraître. Face à la réalité, ils s'efforcent de suivre une méthode de recherche circonspecte, dépourvue de tout préjugé. Leur démarche, dans la mesure même de sa prudence et de son souci d'objectivité, nous donne une leçon de profonde sagesse...

SOCRATE ET DESCARTES (II)

Nous avons esquissé dans le chapitre précédent un parallèle entre les pensées socratique et cartésienne. Nous avons montré — du moins l'espérons-nous... — ce qui les rapproche, ce qui révèle entre elles une parenté d'inspiration relativement profonde.

Qu'on ne s'abuse pas néanmoins ! Si d'indéniables analogies unissent nos deux philosophes, de non moins réelles divergences les distinguent et les opposent.

Il nous reste à l'indiquer brièvement.

*
* *

Nous avons vu que, dans le *Discours de la Méthode*, Descartes tendait à vouloir élaborer un ensemble de critères qui régleraient et gouverneraient toute démarche cognitive selon un schème unique, d'inspiration mathématicienne. En d'autres termes, il voudrait appliquer à tout objet d'étude, à toute espèce de discipline, une méthode universelle dont les exigences seraient analogues à celles qui gouvernent les sciences mathématiques. N'est-ce point une allusion à la géométrie analytique dont Descartes avait annoncé l'élaboration à Isaac Beeckman dès le mois de novembre 1618 et dont il jeta les bases au lendemain de son fameux rêve de 1619 ?

A ses yeux, une semblable méthode, s'appliquant à toutes les branches du savoir humain, les dote d'un ensemble de critères communs, aussi rigoureux que précis, et permet leur unification. Devant les avantages d'une méthode qui rationalise et synthétise toutes les disciplines, leur imposant une même structure épistémologique, Descartes ne s'avise guère du péril d'appliquer une telle méthode aux différentes branches du savoir humain, branches dont le caractère original — cependant indéniable [1] — risque ainsi d'être méconnu. Le philosophe français, par un souci d'unification poussé à l'extrême, tend à sous-estimer, sinon à détruire, la spécificité méthodologique d'un certain nombre de sciences et n'est pas loin de réduire ainsi toute vérité à un type de vérité mathé-

---

[1] Gaston Bachelard, l'un des philosophes éminents du xxe siècle, insiste sur la spécificité de chaque discipline scientifique. Il écrit, nous semble-t-il, très judicieusement (in *Le Rationalisme appliqué*, Paris, 2e éd., 1962, p. 114-116) : « ... il nous sera facile de montrer que la physique d'une part et la biologie et la psychologie d'autre part, ne posent pas les mêmes problèmes... La rationalité d'un des domaines ne peut être mise en totale coïncidence avec la rationalité de l'autre domaine. Accepter (cette coïncidence), ce serait suivre l'inspiration d'un rationalisme absolu, inconditionné, qui, par son dogmatisme, appelle le dogmatisme d'un irrationalisme contraire. Par la suite, nous demanderons donc à nos adversaires (*sic*) de *ne pas confondre les genres* et (de) ne pas demander les justifications de la science physique pour les sciences biologique et psychologique. »

matique. Nous ne voulons certes point affirmer qu'il succombe entièrement à une semblable tentation, mais s'il y résiste, ce n'est point sans quelque équivoque.

Socrate, quant à lui, ne se montre point aussi audacieux. Il accorde assurément aux mathématiques — nous l'avons indiqué — un rôle considérable, il aime soumettre l'exercice de la raison aux critères d'une méthode rigoureuse, mais il estime que tout n'est point réductible aux normes de l'évidence ou de la démonstration. C'est ce que le *Politique* nous enseigne au moment où les interlocuteurs se reconnaissent incapables de définir le rôle du politicien dans l'Etat, au moment où Platon met dans la bouche de l'Etranger ces mots qui expriment la faillite de la méthode dialectique, méthode qu'il a jusqu'alors utilisée mais qui ne lui a point permis de résoudre complètement le problème envisagé : « Il nous faut donc reprendre la question d'un autre point de vue, déclare-t-il, et suivre une voie nouvelle. — Laquelle ? — Nous verserons dans ce débat quelque chose qui tient du jeu car il faudra y mêler de larges portions d'une légende, après quoi, nous reprendrons jusqu'à la fin notre marche précédente, allant sans cesse de division en subdivision, jusqu'à ce que nous parvenions à la pointe même de notre sujet » (Platon, *Politique*, 268 DE).

Ces quelques lignes ne sont-elles point significatives ? Platon, certes, ne les met point dans la bouche de son maître, mais il n'est pas douteux qu'elles traduisent assez fidèlement la pensée de Socrate dans la mesure où il nous serait facile d'établir leur relation étroite avec d'autres textes proprement socratiques [2].

---

[2] Nous nous permettons de renvoyer nos lecteurs à notre article, « Réminiscence et mythe platoniciens », *Les Etudes classiques*, n° 1, janvier 1969.

Impuissants à poursuivre leurs recherches selon la méthode traditionnelle — celle de la dialectique — l'Etranger, porte-parole du maître de Platon, et son interlocuteur décident de recourir au mythe. Ils estiment qu'il peut leur suggérer la vérité et lui font donc prendre le relais du raisonnement : ils ne lui accordent point le crédit qu'ils attribuent à la dialectique (celle-ci garde toute leur faveur : ne se promettent-ils pas d'y revenir dans la suite ?), mais ils croient pouvoir en retirer d'utiles leçons. Ceci est si vrai que le raisonnement, avec tout ce qu'une telle méthode suppose (rigueur, cohérence et clarté démonstrative), se fonde, dans la suite du dialogue, sur les conclusions du mythe pour reprendre son cours.

Platon, fidèle aux leçons de son maître, estime donc que certains problèmes ne peuvent trouver dans la dialectique une méthode qui les résolve. Un nouveau mode d'investigation s'impose quelquefois : celui du mythe. Il n'offre point assurément les mêmes garanties que l'exercice de la raison — toujours rigoureux et précis — mais il ne vise qu'à suggérer ce qu'une méthode strictement rationnelle se révèle incapable d'établir ou de démontrer. Il engendre en celui qui l'élabore ou l'accepte une conviction personnelle, aussi intime qu'absolue, quoique logiquement invérifiable. Une semblable conviction ressemble à un acte de foi. Socrate ne le reconnaît-il point lui-même lorsqu'il affirme dans la *République* : « Le mythe, pourvu que nous lui fassions créance, peut nous sauver... » (621 C) et dans le *Gorgias* : « Pour ma part, déclare-t-il, je fais confiance à ces récits (mythiques) » (526 D).

Certains peuvent assurément se défier d'une semblable méthode, ils peuvent l'estimer trop imprécise, trop irrationnelle, trop soumise aux impressions et aux préjugés de chaque esprit — une telle défiance se comprend et se justifie sans doute — il n'en reste pas moins que Socrate lui reconnaît certains mérites et en fait usage au moment où l'exercice de la raison se révèle incapable de résoudre les problèmes envisagés. Le mythe — intuitif et incantatoire — prolonge l'investigation, toujours inachevée, de la dialectique; il joue dans la découverte de la réalité profonde un rôle que Socrate ne sous-estime nullement. Il incarne, ainsi que l'écrit très justement Jacques Chevalier [3], « la theia moira du *Ménon,* qui ne peut rendre raison d'elle-même, mais qui est seule à rendre raison du réel et à nous ouvrir la sublime espérance de l'au-delà. Elle s'exprime dans les mythes pareils aux fables que l'on nous a contées, enfants » et qui ont imbu notre âme des vérités essentielles que le raisonnement dialectique ne peut atteindre. Aux yeux de Socrate, le langage mythique ne se contente pas d'engendrer en notre esprit une croyance; il peut, si nous pratiquons ce qu'il enseigne, nous conduire au salut, c'est-à-dire à la découverte et à la contemplation de la vérité éternelle. Il exerce une action purificatrice et joue un rôle essentiel dans la montée de l'âme vers les réalités idéales, sources de sagesse. Une semblable ascension ne constitue point seulement le fruit d'un exercice dialectique; elle n'aboutirait point si l'âme ne recourait à la voie du mythe qui met « la raison au contact des traditions primitives de l'humanité [4] » et lui ouvre les portes d'un domaine qu'elle ne pourrait explorer, réduite à ses propres forces. La dialectique de Socrate se prolonge ainsi dans le mythe et y trouve son couronnement; elle en acquiert, tout comme lui, une puis-

[3] J. Chevalier, *Histoire de la pensée.* I: *La pensée antique.* Paris, 1955, p. 249-150.
[4] J. Chevalier, *op. cit.,* p. 250.

sance incantatoire [5] et achève d'imprégner l'esprit du philosophe. En d'autres termes, l'intelligibilité des conclusions dialectiques se voit confirmée et approfondie; elle s'ancre au plus intime de l'âme et en devient paradoxalement indicible au sens étymologique du terme. Ainsi que l'écrit A. de Marignac [6], « l'incantation agit sur l'âme entière et non pas sur l'intellect seul. Elle agit à la fois sur la raison et la sensibilité; elle ébranle les couches profondes que le raisonnement n'atteint pas ». Le mythe jouit d'une force persuasive qui, plus encore que les arguments les plus solides, impressionne l'esprit favorablement disposé, et emporte sa conviction. C'est pourquoi Socrate déclare qu'il existe certaines vérités (entre autres, celle de l'immortalité de l'âme) dont il faut se faire une incantation à soi-même [7] ... C'est pourquoi son disciple, ayant retenu la leçon, met dans la bouche de l'Athénien, au second livre des *Lois*, certaines paroles bien intéressantes : « Ainsi donc, pour que l'âme des enfants, loin de s'habituer à des joies et à des tristesses contraires au jugement de la loi et à celui des citoyens que cette loi a persuadés, se conforme à un tel jugement, et se réjouisse ou s'afflige des mêmes objets que le vieillard, dans ce but, ce que nous appelons des chants, n'est plus en réalité qu'une incantation de l'âme effectuée en vue de l'accord que nous disons » (659 D).

Le mythe, aussi bien que le raisonnement, constitue un mode authentique de connaissance dans la mesure où il apparaît comme une expérience, comme une intuition de

---

[5] M. de Corte, « Chronique d'histoire de la philosophie grecque », in *Revue de la philosophie*, 1937, p. 45.

[6] A. de Marignac, *Imagination et dialectique. Essai sur l'expression du spirituel par l'image dans les dialogues de Platon*, Paris, 1950, p. 151.

[7] Platon, *Phédon*, 114 D.

l'esprit concentré sur lui-même [8], intuition rationnellement incontrôlable, exacte néanmoins en tant qu'elle se fonde sur une connivence ontologique de l'âme et du monde idéal [9]. Si cette âme, au prix de mille difficultés, réussit à découvrir les Idées, si elle acquiert la stabilité, l'identité et l'intelligibilité des réalités spirituelles, c'est parce qu'une profonde affinité l'unit à ces réalités. Une semblable affinité apparaît comme la source d'intuitions qui tantôt se rationalisent grâce à l'exercice dialectique et tantôt demeurent de simples convictions de l'esprit incapable de les expliciter davantage. Elles constituent, aux yeux de Socrate, l'expression d'une intuition fondamentale de l'homme et ne s'identifient nullement aux symboles qu'un esprit en mal de poésie, élaborerait en vue d'illustrer une conception préalablement rationalisée. De semblables convictions, logiquement invérifiables, s'expriment sous le couvert du mythe, parce que, ainsi que nous le déclare le *Timée* [10], nous ne sommes que

---

[8] Platon, *Phédon*, 83 A.

[9] Platon souligne en de nombreux textes l'affinité de l'âme et de l'idée. Citons au hasard « : Il faut considérer quels objets l'âme atteint, quel commerce elle recherche en vertu de sa parenté avec ce qui est divin, immortel et éternel » (caractéristiques du monde idéal) (*République*, 479 B). Dès qu'elle atteint l'Etre, l'âme « s'arrête d'errer et au voisinage des objets dont il s'agit (les Idées), elle conserve toujours elle aussi son identité, sa même façon d'être (et cela) parce qu'elle est en contact avec des choses de cette sorte » (Platon, *Phédon*, 79 D).

Nous nous permettons de renvoyer le lecteur à notre article, « Le thème de la réminiscence dans les dialogues de Platon », in *Les Etudes classiques*, t. XXXIII, n° 3, juillet 1965, p. 225-252; n° 4, octobre 1965, p. 377-400, qui traite de ce sujet.

[10] Le Timée déclare, entre autres : « — Si donc, ô Socrate, en beaucoup de points, sur beaucoup de questions concernant les dieux et la naissance du monde, nous ne parvenons pas à nous rendre capables d'apporter des raisonnements en tous points cohérents et poussés à la dernière exactitude, ne vous en étonnez pas. Mais si nous vous apportons (des conceptions) qui ne le cèdent à

des hommes, c'est-à-dire des créatures aux forces intellectuelles restreintes, incapables, sur bon nombre de problèmes, (l'existence de Dieu, l'origine du monde, notre destinée...), de construire un ensemble de raisonnements rigoureux. Etres contingents, il est normal que nous parlions un peu au hasard sur de telles questions. La voie mythique, toute imparfaite qu'elle puisse être, [Socrate reconnaît que l'on peut mettre en doute ce qu'il tient pour une histoire vraie (*Gorgias,* 523 A)], nous est donc indispensable dans la mesure où nous désirons élaborer ne fût-ce qu'une solution partielle des problèmes que nous ne pouvons résoudre d'une manière totalement rationnelle. C'est pourquoi Socrate punit sévèrement ceux qui se rendent coupables du péché contre la mythologie, c'est-à-dire ceux qui considèrent les mythes comme de simples fables auxquelles on ne peut faire crédit (*Phèdre,* 243 A; *Gorgias,* 527 A) [11].

aucune autre en vraisemblance, il faut nous en féliciter, nous rappelant que moi qui vous parle et vous qui jugez, nous ne sommes que des hommes, en sorte qu'il nous suffit d'accepter en ces matières un conte vraisemblable et que nous ne devons pas chercher plus loin. — C'est parfait, Timée, et il faut absolument l'entendre comme vous l'ordonnez » (29 D).

[11] Notons d'ailleurs — et ce point nous semble essentiel — que Socrate ne se range nullement parmi ceux que l'on pourrait accuser de fidéisme, c'est-à-dire ceux qui admettent sans le moindre examen critique les conceptions les plus hasardeuses. Le maître de Platon ne réduit jamais son esprit au silence, il ne se laisse jamais entraîner sur le chemin d'un irrationalisme excessif. Il n'admet point ce qui lui semble absurde ou n'est susceptible d'aucune intelligibilité, si minime soit-elle. Il n'accorde sa foi qu'à ce qui lui paraît vraisemblable, c'est-à-dire possède une chance d'être vrai ou jouit d'un début de preuve objective. Ne déclare-t-il pas, dans le *Gorgias* : « — Tu considères peut-être, Calliclès, ces perspectives comme des contes de bonne femme qui ne méritent que ton mépris. Et peut-être, en effet, aurions-nous le droit de les mépriser si nos recherches nous avaient fait trouver quelque conclusion meilleure et plus certaine. Mais tu peux voir qu'à vous trois qui êtes les plus savants des grecs d'aujourd'hui, Gorgias, Polos et

Cette brève étude du mythe dans la pensée de Socrate nous révèle ce qui sépare le maître de Platon du philosophe français. Tandis que Descartes entend créer une méthode qui s'appliquerait à toutes les branches du savoir humain, méthode de type mathématique et rigoureusement structurée, Socrate, tout en nourrissant un goût très vif pour une méthode analogue, prend conscience de ses limites et admet qu'elle n'est point d'application universelle; il existe certains domaines, certains problèmes où elle n'a que faire, où une autre méthode d'investigation s'impose, moins rigoureuse peut-être, mais non dépourvue d'efficacité. Socrate en est intimement convaincu et c'est pourquoi il n'emprisonne point la connaissance humaine en un réseau de rapports trop précis, il ne renie jamais son idéal de rigueur logique, mais il en devine les limites et n'hésite point à les dépasser — grâce à une autre méthode — dans la pensée que la vérité n'est pas toujours réductible à un syllogisme ou à une équation. Il possède en un mot le sens de la

toi-même, vous êtes hors d'état de démontrer qu'aucun genre de vie n'est préférable à celui-là qui a en outre l'avantage évident de nous être utile chez les morts. Loin de là, nos longues discussions, après avoir renversé toutes les théories, laissent intacte uniquement celle-ci : qu'il faut éviter avec plus de soin de commettre l'injustice que de la subir et que chacun doit s'appliquer par dessus tout à être bon plutôt qu'à le paraître » (527 A B).

Cette conception de l'au-delà (récompense des bons, punition des méchants), sans être certainement vraie, possède néanmoins quelque chance de l'être : la raison, bien qu'incapable d'en démontrer l'exactitude, ne réussit pas à en déceler les lacunes, elle ne peut non plus élaborer une théorie plus satisfaisante. C'est pourquoi Socrate estime ne pas tomber en un irrationalisme abusif lorsqu'il fait sienne une semblable conception. Qui plus est, il témoigne d'une incontestable honnêteté intellectuelle et demeure par là-même fidèle à son idéal de rigueur lorsqu'il précise les limites du raisonnement dialectique et présente comme aléatoires (quoique vraisemblables) les conceptions que lui suggèrent ceux des mythes auxquels il fait confiance.

relativité épistémologique et croit en la profonde originalité de chaque discipline scientifique.

*
* *

Une autre différence entre les deux penseurs réside dans leurs rapports avec autrui.

Du matin au soir, Socrate parcourt l'agora et les venelles d'Athènes. Il arrête l'un ou l'autre, s'introduit dans les groupes, se mêle aux conversations, interroge les jeunes gens... Il va, ainsi qu'il l'avoue lui-même, « par les rues pour vous persuader (Athéniens) jeunes et vieux, de ne vous préoccuper ni de votre corps ni de votre fortune aussi passionnément que de votre âme, pour la rendre aussi bonne que possible; oui, ma tâche est de vous dire que la fortune ne fait pas la vertu, mais que de la vertu provient la fortune et tout ce qui est avantageux [12] ». Ce n'est donc pas sans une intention précise qu'il aborde et interroge ceux qu'il rencontre. Socrate poursuit ainsi la réalisation d'une tâche que l'oracle d'Apollon Delphinios lui a confiée : la rénovation spirituelle des Athéniens; il lui incombe de les réveiller de leur paresse d'esprit, de leurs illusions grossières, de dissiper leurs préjugés, de rompre les cercles vicieux où ils s'enferment sans même en prendre conscience, de leur enlever le goût des solutions faciles et des jugements étriqués. Loin d'être un philosophe de cabinet, Socrate apparaît comme un être soucieux de contacts humains (dont il perçoit toute l'importance), soucieux également du rôle que tout homme lucide peut jouer auprès de ses semblables. Il sait, en effet, que l'esprit atteindra la vérité dans la mesure seulement où il aura d'abord découvert, au terme

[12] Platon, *Apologie de Socrate*, 30 B.

d'un examen critique aussi sincère qu'approfondi, les limites de ce qu'il sait et de ce qu'il ne sait pas. Cet esprit devra perdre toutes ses illusions en un tel domaine avant d'entreprendre, avec quelque chance de succès, une recherche de la vérité. La dialectique demeurera aux yeux de Socrate infructueuse si elle n'engendre point tout d'abord l'indignation de ceux sur qui elle prétend s'exercer. « Socrate, déclare l'un des interlocuteurs de notre philosophe, Socrate, j'avais appris par ouï-dire, avant même de te rencontrer, que tu ne faisais pas autre chose que trouver partout des difficultés et en faire trouver aux autres; en ce moment, je le vois, par je ne sais quelle magie et quelle drogue, par tes incantations, tu m'as si bien ensorcelé que j'ai la tête remplie de doutes. J'oserais dire, si tu me permets une plaisanterie, que tu me parais ressembler tout à fait par l'aspect et par tout le reste, à ce large poisson de mer qui se nomme une torpille : celle-ci engourdit aussitôt quiconque s'approche et la touche; tu m'as fait éprouver un effet semblable; oui, je suis vraiment engourdi de corps et d'âme et je suis incapable de te répondre. Cent fois pourtant, j'ai fait des discours sur la vertu devant des foules et toujours, je crois, je m'en suis fort bien tiré. Mais aujourd'hui, impossible absolument de dire ce qu'elle est. Tu as bien raison, crois-moi, de ne vouloir ni naviguer, ni voyager : hors d'ici, avec une conduite pareille, dans une ville étrangère, tu ne serais pas long à être arrêté comme sorcier [13] ... »

Aux yeux de Socrate, rien n'est plus favorable à l'esprit en quête de vérité que d'être embarrassé ou mis en colère. Un semblable embarras, une telle colère trouvent leur source dans l'obligation pour l'homme de reconnaître un

[13] Platon, *Menon*, 80 A B.

certain nombre d'erreurs et de préjugés. La bonne conscience, le défaut d'esprit critique, la paresse intellectuelle,
la vanité, empêchent jusqu'au désir de mettre en doute ce
que l'on croit connaître de science certaine, ce que l'on
considère comme définitif. La dialectique de Socrate constitue une réelle catharsis, elle purifie l'esprit dans la mesure
où elle lui révèle ses faiblesses et lui signale les limites de
ses connaissances. C'est pourquoi notre philosophe se
réjouit d'embarrasser ses interlocuteurs, de les irriter, de
leur créer mille obstacles, d'être à leur égard un semeur
d'inquiétudes, c'est pourquoi il se hâte de dévoiler les
contradictions dont foisonnent leurs réponses. Ne provoquant en leurs esprits que perplexités [14], il suscite chez ceux
qui le fréquentent le « tourment de savoir », l'inquiétude
féconde, semblable aux douleurs de la parturiente [15]. Il les
subjugue de telle sorte qu'ils se sentent violemment engagés
à le suivre, à continuer en eux-mêmes et dans leur entourage l'œuvre de réforme spirituelle qu'il a entreprise; sans
trêve ni lassitude, à temps et à contretemps, il les trouble,
les rabroue, les émeut et leur pose mille questions embar-
rassantes. Ils s'en irritent, se mettent en colère, mais ne
peuvent cependant lui refuser une attention tantôt bien-
veillante, tantôt offensée. Alcibiade, ce triste sire, ne
déclare-t-il pas : « — Plus d'une fois le Marsyas que voici
m'a mis en un tel état qu'il me semblait impossible de vivre
en me comportant comme je me comporte... Il me contraint en effet à m'avouer à moi-même que, alors que tant
de choses me manquent, je persiste à n'avoir point, moi,
souci de moi-même, pour me mêler plutôt des affaires
d'Athènes... Il est le seul homme en face de qui j'éprouve

14 Platon, *Théétète,* 149 A.
15 Platon, *Théétète,* 148 C.

un sentiment qu'on ne s'attendrait guère à trouver en moi :
celui d'être honteux devant quelqu'un... Je me laisse
pourtant, dès que je me suis éloigné, vaincre par la considération que la foule me témoigne. Bien des fois même, je
verrais avec plaisir Socrate disparaître du monde des
hommes et par contre, si cela arrivait, jc sais parfaitement
que j'en aurais un bien plus grand chagrin [16] ... »

Socrate se complaît, dirait-on, à brouiller les idées de ses
interlocuteurs, ces idées que tout le monde admet et qui
vont, semble-t-il, de soi, idées indiscutables parce que
indiscutées, vraies parce que traditionnelles. Le maître de
Platon refuse cette apathie de l'intelligence, ce goût du
conformisme, cette somnolence de l'esprit critique. Il aime
agir à rebrousse-poils et mettre ses adversaires devant leurs
responsabilités, situation délicate que beaucoup d'hommes
redoutent et à laquelle ils se dérobent volontiers. Ennemi de
l'équivoque et du faux-semblant, Socrate a été le seul, ainsi
qu'il le rappelle, selon Platon, dans son *Apologie*, à refuser,
lors du procès des généraux vainqueurs aux Arginuses, la
proposition de les juger ensemble, ce qui était contraire à
la procédure athénienne [17]. Il aimait trop la justice pour
admettre en cette matière la moindre compromission. Il
l'aimait trop — en dépit de son injustice apparente — pour
vouloir suivre le conseil de ses amis lorsqu'ils lui propo-
sèrent de fuir à l'heure de sa propre [18] condamnation; ainsi
qu'il le déclare dans ce dernier dialogue, quitter subrepti-
cement Athènes, échapper à la ciguë, reviendrait à bafouer
l'autorité des tribunaux et des lois, reviendrait par là-
même — motif essentiel aux yeux de Socrate — à « rendre
le mal pour le mal » et à opposer une injustice à une

---

[16] Platon, *Banquet,* 215 E-216 C.
[17] Platon, *Apologie de Socrate,* 32 B.
[18] Platon, *Criton,* 51 et sq.

injustice [19]. Plutôt que de vivre dans le déshonneur et l'inutilité, il préfère se soumettre aux lois de son pays et accepter une mort injuste. Il entend assumer jusqu'au bout ses responsabilités et subir, si dures soient-elles, les conséquences de ses actes. (« — J'estimais, dit-il à ses juges, que mon devoir était de braver le danger avec la loi et la justice, plutôt que de m'associer à vous dans votre volonté d'injustice, par crainte de la prison et de la mort [20]). » Ne savait-il pas en effet, dès le début de son activité, qu'un homme comme lui — un semeur d'inquiétudes, un trublion des consciences satisfaites — rencontre haine et mépris, déceptions et souffrances ? Ne savait-il pas que la plupart des hommes ne craignent rien tant — malgré les apparences — que les devoirs qui découlent de la vérité, qu'ils n'éprouvent qu'indifférence ou hostilité pour tout ce qui se distingue des coutumes ou des idées reçues [21]. Il n'ignorait point ce qui l'attendait, puisqu'il déclare dans son *Apologie* : « — Il n'est aucun homme qui puisse éviter de périr, pour peu qu'il s'oppose à vous (Athéniens), ou à toute autre assemblée populaire, et qu'il s'attache à empêcher dans sa cité les injustices et les illégalités » [22]. Il ne pouvait vivre comme il l'avait fait jusqu'alors pour fuir soudain au moment où son action la mettait en péril. Une semblable attitude aurait constitué une dérobade peu glorieuse, toute proche de la trahison. Socrate ne pouvait s'y résoudre [23]. C'est pourquoi il accepte la mort, conséquence inéluctable

---

[19] Platon, *Criton*, 49 C.

[20] Platon, *Apologie de Socrate*, 31 C.

[21] Sur ce sujet, nous renvoyons nos lecteurs à notre article « De l'indépendance d'esprit », in *Les Cahiers bourbonnais et du Centre*, n° 48, 4e trimestre 1968 ,p. 362.

[22] Platon, *Apologie de Socrate*, 31 E.

[23] Nous renvoyons sur ce sujet nos lecteurs au livre très suggestif de Romano Guardini, *La mort de Socrate*, Paris, 1956.

de son activité spirituelle. Il troublait trop profondément la conscience et les habitudes de ses concitoyens pour n'être pas combattu, il stigmatisait avec trop de pertinence leurs faiblesses, leur duplicité, leur ignorance béate pour n'être point la victime de leurs persécutions. Lui qui s'interrogeait sur tout et remettait tout en question (il sera inculpé de « déformer la jeunesse en la mettant à la torture par les problèmes qu'il lui pose [24] »), il ne laissait point ses interlocuteurs en repos mais dénudait leur propre vacuité, dévoilait ce qu'ils n'osaient s'avouer à eux-mêmes. Esprit critique dont l'ironie faisait mal car elle débridait les plaies les plus secrètes comme les plus profondes, Socrate démontait avec une rigueur infaillible les sophismes les mieux dissimulés sous les coutumes et les croyances de son époque. Il en soulignait les faiblesses et les incohérences, en condamnait la bassesse et l'hypocrisie. Ce faisant, il allait droit à la mort, car l'on sait que ce que les hommes redoutent le plus, c'est de se voir tels qu'ils sont, c'est de n'avoir plus l'excuse ou le prétexte de se jouer la comédie [25] ...

Cette recherche provoquante de la vérité, ce goût invétéré de l'attaque ironique (d'autant plus incisive qu'elle se dissimule souvent sous le masque d'une candeur absolue...) ne se retrouvent point en Descartes. Notre illustre compatriote n'est point de ceux qui aiment proclamer une vérité apparemment scandaleuse, il n'est point de ceux qui, par amour de la sagesse, vont au-devant des sarcasmes, de la calomnie et de la mort. Il n'a point, en un mot, le goût du martyre... Il n'aime guère les façons de ces prédicateurs ambulants que le Moyen Age et la Renaissance rencon-

[24] Platon, *Gorgias*, 522 B.
[25] Nous renvoyons nos lecteurs à notre article *De l'indépendance d'esprit*, déjà cité.

traient le long de leurs routes : il préfère la solitude paisible
d'un refuge confortable, il préfère vivre en Hollande plutôt
que d'affronter les périls d'une double censure — ecclé-
siastique et royale —, plutôt que de subir les déceptions
d'un milieu qui ne semble point l'accueillir comme
Descartes croit le mériter [26]; ne nous déclare-t-il pas en
effet : « Ce désir (de philosopher) me fit résoudre à
m'éloigner de tous les lieux où je pouvais avoir des connaissances et à me retirer ici, en un pays où la longue durée
de la guerre a fait établir de tels ordres que les armées
qu'on y entretient ne semblent servir qu'à faire qu'on y
jouisse des fruits de la paix avec d'autant plus de sûreté
et où, parmi la foule d'un grand peuple fort actif et plus
soigneux de ses propres affaires que curieux de celles
d'autrui, sans manquer d'aucune des commodités qui sont
dans les villes les plus fréquentées, j'ai pu vivre aussi
solitaire et retiré que dans les déserts les plus écartés. »
(*Discours de la Méthode*, Troisième Partie). Descartes
pourrait ainsi répéter ce qu'avait déjà dit, paraît-il, Aristote
au moment de quitter Athènes, à l'époque où il était dangereux d'être pro-macédonien en Attique : « Je m'en vais
loin d'ici afin d'éviter aux Athéniens la honte d'assassiner
une seconde fois Socrate... » Cette phrase sans doute
légendaire ne peut évidemment s'appliquer tout à fait à
Descartes — la vie de ce dernier ne fut jamais en danger —
il n'empêche qu'elle exprime un état d'esprit analogue au
sien.

Non d'ailleurs que notre compatriote soit un lâche : car
s'il publie la première édition du *Discours de la Méthode*
en omettant son nom, s'il renonce à livrer au public un

---

[26] Sur ce dernier aspect, nous nous permettons de renvoyer le
lecteur au livre éclairant de S. de Sacy, *Descartes par lui-même*,
Paris, 1964.

ouvrage très proche des conceptions galiléennes suspectes aux autorités religieuses (qui finiront par les condamner), il ne manque pas d'audace cependant à présenter en français — langue vulgaire pour l'époque — une œuvre où s'exprime une pensée très différente de celle, communément reçue — que l'on enseignait dans les écoles. Une semblable attitude dénote un courage indéniable; celui-ci ne l'incite point toutefois à s'offrir comme le maître de Platon aux périls de la censure et à ceux d'une indépendance d'esprit trop clairement manifestée. Il n'entend point sacrifier son repos à une doctrine, quelle qu'elle soit. Il n'est point de cette race qu'émoustillent l'opposition, l'adversité, l'ostracisme. Loin d'arpenter la place publique, loin de fréquenter les salons, loin de converser avec le premier venu, loin d'arrêter de sa canne un Xénophon afin de l'éduquer, il imite le bourgeois hollandais « beaucoup plus soigneux de ses propres affaires que curieux de celles d'autrui » et préfère s'en tenir à un petit cercle de disciples bien nés — telles la princesse Elisabeth et la reine de Suède.

En un mot, Descartes élabore une nouvelle méthode de réflexion, il témoigne, ce faisant, d'une réelle indépendance d'esprit, mais son audace n'est pas sans limites : ce n'est que dans la solitude et la tranquillité, non dans les remous — toujours dangereux — du monde, qu'il opère cette révolution de la pensée dont nous vivons encore.

*
* *

Les similitudes et les contrastes que nous avons relevés entre Socrate et Descartes ne constituent assurément qu'une approche fort lointaine de ces deux philosophes. Elles nous permettent cependant d'entrevoir la manière dont ils ont abordé les grands problèmes de la pensée, d'entrevoir aussi la source profonde de leur démarche réflexive. Tous deux ont compris qu'une semblable démarche est affaire de longue patience, de tâtonnements, d'incertitudes et d'échecs surmontés. Tous deux ont compris que le réel n'est point d'approche aisée, qu'il se dissimule sous de multiples apparences, se dérobant sans cesse aux esprits dépourvus de lucidité critique. Conventions, préjugés, solutions rapides constituent à leurs yeux autant d'obstacles que l'homme rencontre et qui l'égarent, dans la mesure où ils se renforcent, si l'on ose dire, de ses propres faiblesses. L'un et l'autre ont posé les jalons d'un renouveau spirituel qu'il faut sans cesse en quelque sorte remettre à l'ordre du jour tant il est vrai que l'esprit n'en finit pas de se reconquérir lui-même, tant il est vrai qu'il se détourne trop souvent de ce qui lui assure la fécondité, pour s'engager en des voies sans issue. Tous deux ont contribué d'une manière essentielle à l'émancipation spirituelle de l'être humain, ils l'ont aidé à se forger une méthode de réflexion qui lui permet d'acquérir une certaine maîtrise de soi-même et des réalités qui l'environnent.

En un mot, Socrate et Descartes incarnent le type même du philosophe dans la mesure où ils vivent en êtres qui s'interrogent sans cesse, dans la mesure où ils ébauchent certaines réponses qui constituent autant de nouvelles questions.

DE LA SAGESSE SOCRATIQUE

Chéréphon [1], un ami d'enfance de Socrate [2], lors d'une visite au sanctuaire d'Apollon Delphien, « osa demander au

[1] Au début du *Charmide,* Platon nous présente brièvement Chéréphon; en quelques traits d'autant plus significatifs qu'ils se révèlent elliptiques, il nous brosse un portrait psychologique du personnage; au retour de la bataille de Potidée, Socrate revoit quelques amis : « Du plus loin qu'ils m'aperçurent, dit-il, ils m'adressèrent des saluts; mais Chéréphon, toujours un peu fou, bondit hors du groupe et, courant vers moi, me prit la main : 'Socrate, comment t'es-tu tiré de la bataille ?' » (153 AB). Cette brève scène, croquée sur le vif, nous révèle le caractère impétueux et quelque peu irréfléchi de Chéréphon, un homme qui se porte volontiers aux extrêmes, enthousiaste et audacieux. Cette audace se retrouve dans la question — téméraire dans sa hardiesse — qu'il pose à l'oracle de Delphes au sujet de Socrate. Celui-ci a, d'ailleurs, pleine conscience d'une semblable hardiesse puisque, en rapportant le fait à ses juges, il use de précautions oratoires : « De grâce, juges, ne vous récriez pas en l'entendant... Vous n'ignorez pas quel était (le) caractère (de Chéréphon), combien (il se montrait) passionné dans tout ce qu'il entreprenait... » (Platon, *Apologie de Socrate,* 21 A).
Nous nous sommes quelque peu étendus sur ce personnage pour montrer par un exemple de quelle manière, remarquable dans sa concision, le disciple de Socrate nous dépeint un caractère.

[2] *Apologie de Socrate,* 21 A.

dieu s'il existait quelqu'un de plus sage » que le maître de Platon[3]. La Pythie lui répondit que nul n'était plus sage que Socrate lui-même.

Celui-ci, lorsqu'il en fut informé, se montra profondément stupéfait : « Voyons, se dit-il, que signifie la parole du dieu ? Quel sens y est caché ? Que veut-il donc dire quand il affirme que je suis le plus sage (de tous les hommes) ?[4] » Le maître de Platon se montrait d'autant plus étonné de cette affirmation qu'il ne pensait point appartenir à cette catégorie d'esprits supérieurs dont on a coutume de respecter la profondeur de la culture et la finesse du jugement : « J'ai conscience, moi, avoue-t-il en toute humilité, que je ne suis sage ni peu ni beaucoup[5]. » Longtemps, Socrate demeura perplexe, « sans y rien comprendre » puisque, d'autre part, Apollon Delphien ne pouvait se tromper[6].

Pour y voir un peu plus clair, notre Athénien se résolut, « à contre-cœur[7] », à vérifier la chose : « J'allai trouver un des hommes qui passaient pour sages, nous déclare-t-il, certain que je pourrais là ou nulle part, contrôler l'oracle, et ensuite lui dire nettement : ' Voilà quelqu'un de plus sage que moi... ' J'examinai donc à fond mon homme (inutile de le nommer : c'était l'un de nos hommes d'Etat...). Or, à l'épreuve, en causant avec lui, voici l'impression que j'ai eue, Athéniens : il me parut que ce personnage semblait sage à beaucoup de personnes et surtout à lui-même, mais qu'il ne l'était nullement. Et alors j'essayai de lui démontrer qu'en se croyant sage, il ne l'était point. Le résultat fut que

---

[3] *Apologie de Socrate*, 21 A.
[4] *Apologie de Socrate*, 21 B.
[5] *Apologie de Socrate*, 21 B.
[6] *Apologie de Socrate*, 21 B.
[7] *Apologie de Socrate*, 21 B. — « A contre-cœur » montre l'humilité de Socrate qui n'entend pas que sa démarche soit considérée comme un désir de se mettre en avant.

je m'attirai son inimitié et aussi celle de plusieurs des assistants. Je me retirai en me disant : ' A tout prendre, je suis plus sage que lui '. En effet, il se peut que ni l'un ni l'autre de nous ne sache rien de bon; seulement, lui croit qu'il sait, bien qu'il ne sache pas, tandis que moi, si je ne sais rien, je ne crois pas non plus savoir quelque chose. Il me semble en somme que je suis tant soit peu plus sage que lui en ceci du moins que je ne crois pas savoir ce que je ne sais pas [8].

Socrate interroge ensuite une seconde personnalité réputée tant pour son intelligence que pour sa culture, mais il aboutit à la même conclusion; « Du coup, déclare-t-il, je m'attirai aussi l'inimitié de celui-ci et de plusieurs autres [9]. »

Tout en regrettant de se faire ainsi de nombreux ennemis [10], le maître de Platon continua son enquête : « Après les hommes d'Etat, déclare-t-il, j'allai trouver les poètes, auteurs de tragédies, faiseurs de dithyrambes et autres, me disant que cette fois, je prendrais sur le fait l'infériorité de mon savoir [11]. » Malheureusement, il doit bientôt déchanter : les poètes « disent de belles choses, mais ils n'ont pas la science de ce qu'ils disent... En même temps je m'aperçus qu'ils croyaient, en raison de leur talent, être les plus sages

[8] *Apologie de Socrate,* 21 CD.
[9] *Apologie de Socrate,* 21 E.
[10] *Apologie de Socrate,* 21 E. — Malgré cet inconvénient, Socrate n'en continue pas moins son enquête car il se croyait « obligé de mettre par-dessus tout le service du dieu » (21 E). Sa piété ne lui permettait pas de rester dans le doute, quant à la signification précise de l'oracle; son respect de la divinité lui imposait de comprendre avec exactitude ce qu'avait voulu dire Apollon Delphien.
[11] *Apologie de Socrate,* 22 B. — Socrate poursuit courageusement son enquête qui lui apparaît, déclare-t-il, « comme un cycle de travaux que j'accomplissais pour vérifier l'oracle » (22 A). Notons l'ironie du propos : Socrate se compare discrètement à Hercule : celui-ci eut aussi un « cycle de travaux » à effectuer.

des hommes en beaucoup d'autres choses, sans l'être le moins du monde. Je les quittai alors, pensant que j'avais sur eux le même avantage que sur les hommes d'Etat [12]. »

Après ces deux expériences qui aboutissent, aux yeux de Socrate, à une conclusion identique : sans témoigner d'aucune science, le maître de Platon possède au moins l'avantage sur les hommes d'Etat et les poètes d'avoir conscience de son inculture, notre Athénien entreprend une troisième démarche, cette fois auprès des artisans : « Je savais que je ne savais à peu près rien, déclare-t-il, et j'étais sûr de trouver en eux des hommes qui savaient beaucoup de belles choses. Sur ce point, je ne fus pas trompé : ils savaient en effet des choses que je ne savais pas et, en cela, ils étaient plus savants que moi. Seulement, Athéniens, ces bons artisans me parurent avoir le même défaut que les poètes. Parce qu'ils pratiquaient excellemment leur métier, chacun d'eux croyait tout connaître, jusqu'aux choses les plus difficiles, et cette illusion masquait leur savoir réel [13]. »

Pour le maître de Platon, tout s'éclaire dès lors : l'oracle d'Apollon, loin de se tromper, a eu raison de considérer Socrate comme un sage dans la mesure où notre Athénien a cet avantage sur les autres de connaître son ignorance, de ne se faire aucune illusion sur son manque de sagesse; tandis que ceux qu'il a interrogés, hommes d'Etat, poètes, artisans, croient pouvoir juger et parler de tout, en connaissance de cause, parce qu'ils témoignent de quelque lumière dans leur petite spécialité, et se cachent ainsi à eux-mêmes leur ignorance, s'exposant en outre aux quolibets de ceux qui les prennent en défaut; Socrate, pour sa part, ne se fait aucune illusion : il sait qu'il ne sait rien et se

---

[12] *Apologie de Socrate*, 22 C.
[13] *Apologie de Socrate*, 22 D.

révèle par là, grâce à sa lucidité, le plus sage des hommes, donnant ainsi raison à l'oracle de Delphes.

*
* *

Obliger autrui à reconnaître son ignorance est une tâche pleine de périls : je me suis fait de la sorte, déclare Socrate, un grand nombre d'ennemis « très passionnés, très malfaisants, qui ont propagé beaucoup de calomnies [14] », d'autant plus que quelques jeunes gens, prenant plaisir à voir mes interlocuteurs soumis à cet examen, « veulent m'imiter et, à leur tour, s'essayent à examiner d'autres personnes. Apparemment, ils en trouvent à foison qui croient savoir quelque chose, tout en ne sachant que peu ou rien du tout. Et alors, ceux qu'ils ont examinés s'en prennent non à eux-mêmes, mais à moi; et ils déclarent qu'il y a un certain Socrate, un misérable, qui corrompt les jeunes gens [15] ».

C'est pourquoi certains interlocuteurs du maître de Platon réagissent vivement; l'un de ceux-ci, souvenons-nous-en, Ménon, dans le dialogue qui le met en scène, déclare, fort en colère : « Socrate, j'avais appris par ouï-dire, avant même de te rencontrer, que tu ne faisais pas autre chose que trouver partout des difficultés et en faire trouver aux autres. En ce moment, je le vois bien, par je ne sais quelle magie et quelles drogues, par tes incantations, tu m'as si bien ensorcelé que j'ai la tête emplie de doutes. J'oserais dire, si tu me permets une plaisanterie, que tu me parais ressembler tout à fait, par l'aspect et par tout le reste, à ce large poisson de mer qui s'appelle une torpille. Celle-ci engourdit aussitôt quiconque s'approche et la touche : tu m'as fait éprouver un effet semblable. Oui, je suis vraiment

---

[14] *Apologie de Socrate,* 23 **A.**
[15] *Apologie de Socrate,* 23 **BD.**

engourdi de corps et d'esprit et je suis incapable de te répondre. Cent fois pourtant, j'ai fait des discours sur la vertu devant des foules et toujours, je crois, je m'en suis fort bien tiré. Mais aujourd'hui, impossible absolument de dire ce qu'elle est [16]. » C'est pourquoi, conclut l'interlocuteur de Socrate, « tu as bien raison, crois-moi, de ne vouloir ni naviguer, ni voyager hors d'ici : avec une conduite pareille, dans une ville étrangère, tu ne serais pas long à être arrêté comme sorcier [17] ».

On le voit : un grand nombre de ceux que le maître de Platon interroge et met sur la sellette regimbent violemment et ne peuvent cacher leur sentiment hostile à l'égard de quelqu'un, coupable, à leurs yeux, de la faute qu'on ne pardonne point, celle de mettre autrui devant ses responsabilités, celle de lui faire toucher du doigt, si l'on ose dire, ses limites, ses lacunes, ses faiblesses, ses fautes... Peu d'hommes ont en effet le courage de se voir tels qu'ils sont; ce qu'ils réussissent le mieux en général, c'est de se voiler à eux-mêmes leur propre médiocrité [18].

D'autres interlocuteurs de Socrate éprouvent, toutefois, un sentiment plus partagé; le maître de Platon les attire et les fascine de telle sorte qu'ils se sentent violemment engagés à le suivre, à écouter ses conseils, à poursuivre en eux-mêmes et dans leur entourage l'œuvre de réforme

[16] *Ménon*, 80 AB.

[17] *Ménon*, 80 B. — Ce passage est une attaque voilée de Platon contre les accusateurs et les juges athéniens de Socrate; à l'égard de ce dernier, les habitants d'Athènes se sont comportés commes ceux d'une ville étrangère : ils l'ont arrêté et condamné à mort. Ce qui était sinon excusable du moins plausible venant d'étrangers paraissait scandaleux de la part des concitoyens de Socrate.

[18] Sur ce sujet, nous nous permettons de renvoyer nos lecteurs à notre article, déjà cité, *De l'indépendance d'esprit*, dans *Les cahiers bourbonnais et du Centre*, no 48, 4e trimestre 1968, p. 362.

spirituelle qu'il a entreprise, tout en regimbant d'autre part devant son attitude ironique [19]. Voyons par exemple le jeune Alcibiade, ce politicien peu scrupuleux, cet aristocrate dévergondé, qui déclare, souvenons-nous-en, dans le *Banquet* : « Quand j'entends (Socrate), le cœur me bat bien plus qu'aux corybantes dans leurs transports [20]; ses paroles, les siennes [21], font couler mes larmes. Plus d'une fois, le Marsyas que voilà [22] m'a mis en un tel état qu'il me semblait impossible de vivre en me comportant comme je me comporte. Même encore à présent, j'ai conscience que, si je consentais à lui prêter l'oreille, je n'y pourrais pas tenir mais que j'éprouverais les mêmes émotions. Il me contraint en effet à m'avouer à moi-même que, alors que tant de choses me manquent, je persiste à n'avoir point, moi, souci de moi-même pour me mêler plutôt des affaires d'Athènes. C'est donc en me faisant violence, les oreilles bouchées comme pour échapper aux sirènes, que par la fuite, je m'éloigne de lui afin d'éviter qu'assis à cette place, je ne finisse par y vieillir aux côtés du personnage. Il est d'autre part le seul homme en face de qui j'éprouve un sentiment qu'on ne s'attendrait guère à trouver en moi : celui d'être

[19] L'ironie socratique doit être prise au sens propre comme au figuré : l'εἰϱωνεῖα ne constitue-t-elle point une *interrogation critique ?*

[20] Les corybanthes rendaient un culte à Dionysos en exécutant un ensemble de chants et de danses au rythme effréné, ils se considéraient alors comme possédés par la divinité. Alcibiade affirme que Socrate l'envoûte et le fascine davantage encore.

[21] Au moment où il parle, Alcibiade est ivre, ce qui explique, d'une part, non seulement cette répétition, mais encore le style quelque peu incohérent de son discours et, d'autre part, la franchise dont il témoigne...

[22] Marsyas était un jeune Phrygien, réputé pour son habileté extraordinaire à jouer de la flûte. Alcibiade compare Socrate à Marsyas, car chacun, dans son domaine, témoigne d'une maîtrise exceptionnelle. L'un et l'autre ensorcellent leurs auditoires.

honteux devant quelqu'un. Or ce n'est qu'en face de lui que j'ai honte de moi. Car j'ai bien conscience en mon for intérieur que, n'ayant aucune objection que je puisse lui opposer pour ne point faire ce qu'il ordonne, je me laisse pourtant, dès que je suis éloigné, vaincre par la considération que la foule me témoigne. Bien des fois même, je verrais avec joie Socrate disparaître du monde des hommes et par contre, si cela arrivait, je sais parfaitement que j'en aurais un bien plus grand chagrin [23]. »

La dernière phrase est significative : Alcibiade, comme beaucoup d'autres, souhaite souvent la mort de Socrate mais, en même temps, il sait qu'un tel événement le troublerait bien davantage; il avoue aussi en toute franchise l'influence considérable que Socrate exerce sur tous ceux qui l'approchent, influence qu'ils subissent malgré qu'ils en aient.

*
* *

La méthode socratique d'embarrasser les gens, de les mettre en face de leur responsabilité, de les obliger à reconnaître eux-mêmes leurs limites, leurs faiblesses et leurs fautes, pour pénible qu'elle apparaisse tant à l'égard de Socrate (qui se fait de la sorte de redoutables ennemis) qu'à l'égard de ses interlocuteurs, se révèle toutefois particulièrement nécessaire dans la mesure où il n'est pas difficile de comprendre que l'être humain ne pourra jamais acquérir une culture réelle, une sagesse véritable s'il ne se débarrasse point auparavant de ses illusions et de sa bonne conscience. Rien, en effet, n'est plus utile à celui qui s'efforce de découvrir la Vérité que la reconnaissance de ce qu'il ignore et la rencontre d'obstacles imprévus : un exemple, parmi d'autres, nous en est donné dans le *Ménon*. Socrate

[23] *Banquet,* 215 E-216 C.

y interroge un esclave sur la manière dont on double la surface d'un carré. Le serviteur croit d'abord qu'il suffit d'en doubler le côté. Le maître de Platon a tôt fait de le détromper. Son interlocuteur propose alors une seconde solution que Socrate lui donne à vérifier; cette tâche accomplie, l'esclave se voit dans l'obligation de reconnaître une nouvelle fois son erreur. Après une troisième tentative aussi infructueuse que les deux premières, il avoue enfin, non sans humeur, son profond embarras : « Mais par Zeus, Socrate, s'écrie-t-il, je ne sais plus rien [24]... » Il ne sait plus où il en est, il n'a plus la moindre idée sur la solution du problème, il ne peut que prendre les dieux à témoins de son incertitude. Socrate tire la leçon de son embarras et s'en réjouit : « (Ce serviteur) croyait connaître la réponse et répondait en homme qui sait, avec assurance, déclare-t-il, il n'avait aucun sentiment de la difficulté. Maintenant, il a conscience de son incertitude et s'il ne sait pas, du moins ne croit-il pas savoir... N'est-ce pas là un meilleur état d'esprit ? En le mettant dans l'embarras..., ou je me trompe fort, ou nous l'avons grandement aidé à découvrir où il en est vis-à-vis de la vérité. Car maintenant, comme il ignore, il aura plaisir à chercher [25]. »

La science que le serviteur croyait posséder — science illusoire — constituait un obstacle à la connaissance de la solution véritable dans la mesure où elle faisait de ce jeune homme un être satisfait de soi et nullement disposé à vérifier l'exactitude de ses opinions. Jusqu'au moment de son interrogatoire, il se montrait sûr de lui et « n'eût pas hésité à dire et à répéter de confiance devant quiconque que pour doubler un carré, il faut en doubler le côté [26] ».

---

[24] *Ménon*, 84 A.
[25] *Ménon*, 24 AB.
[26] *Ménon*, 84 C.

« Il n'eût pas été disposé à chercher et à apprendre une chose qu'il ne savait pas mais qu'il croyait savoir [27]. » En lui permettant de découvrir son erreur, Socrate l'engage à opérer un retour sur lui-même et à chercher la solution du problème avec ardeur.

Ainsi, lorsque l'être humain reconnaît son ignorance ou lorsqu'il décèle une difficulté, son amour propre le pique et l'encourage à surmonter ce qui l'arrête ou l'embarrasse. C'est ainsi que Lachès, dans le dialogue du même nom, déclare : « — Pour moi, Socrate, je suis vraiment en colère quand je me vois si incapable d'exprimer ce que je pense. Je suis convaincu que je me fais du courage une idée exacte mais elle m'échappe, je ne sais comment, si bien que ma parole ne peut arriver à la saisir ou à la formuler [28]. »

Ainsi que l'écrit Karl Jaspers, « être accessible à la contradiction, c'est là une capacité qui s'acquiert avec la culture, c'est un signe de noblesse [29] ». Il faut au contraire, déclare Platon, tenir l'homme qui n'y est pas accessible — fût-ce le Grand Roi [30] - pour inculte et d'âme affreusement négligée [31]. »

Une seule voie demeure ouverte à ceux qui éprouvent un sentiment analogue à celui d'Alcibiade ou de Lachès : s'interroger avec la plus grande lucidité sur le problème posé, examiner avec la plus grande attention toutes les hypothèses, passer au crible de la raison les conceptions proposées, cultiver enfin la vertu de patience...

L'on comprend dès lors pourquoi ceux qui désirent

[27] *Ménon,* 84 C.
[28] *Lachès,* 194 A.
[29] K. Jaspers, *Les grands philosophes,* Paris, 1967, t. II, p. 72, trad. Hélène Naef.
[30] Le roi de Perse.
[31] *Sophiste,* 230 E.

vraiment faire « progresser dans la science ceux qu'ils interrogent, leur posent des questions auxquelles, croyant répondre quelque chose de vrai, ils ne répondent cependant rien qui vaille; puis vérifiant aisément la vanité d'opinions aussi errantes, ils (les interrogateurs) les rassemblent dans leurs critiques, les confrontent les unes avec les autres et, par cette confrontation, les démontrent sur les mêmes objets, aux mêmes points-de-vue, sous les mêmes rapports, mutuellement contradictoires. Ce que voyant, les interlocuteurs en conçoivent du mécontentement contre eux-mêmes et des dispositions plus conciliantes envers autrui. Par un tel traitement, tout ce qu'ils avaient sur eux-mêmes d'opinions orgueilleuses et cassantes leur est enlevé [32]. »

Ceux qui, comme Socrate, témoignent d'une telle attitude et adoptent une semblable méthode à l'égard de leurs interlocuteurs, « se sont fait à propos de l'âme cette idée qu'elle ne tirera de ce qu'on peut lui ingérer de science aucun bénéfice jusqu'à ce qu'on l'ait soumise à la réfutation et que, par cette réfutation, lui faisant honte d'elle-même, on l'ait débarrassée des opinions qui ferment les voies à l'enseignement [33], amenée à l'état de pureté manifeste et à croire savoir ce qu'elle sait mais pas davantage [34] ».

[32] *Sophiste,* 230 AC.

[33] L'opinion, cette « faculté qui nous rend capables de juger sur l'apparence » (*République,* 477 E.), mais non sur la réalité, n'engendre qu'une connaissance radicalement imparfaite; bien éloignée de l'intelligibilité rationnelle, elle appartient à l'univers sensible et ne produit qu'une science « introduite de l'extérieur, non appuyée sur une démonstration rigoureuse » (Régis, *L'opinion selon Aristote,* Paris-Ottawa, 1935, p. 29). Une semblable science est le résultat d'une espèce de persuasion qui n'a rien de scientifique. Cette persuasion, créative de mirages, s'occupe de « choses qui n'ont aucune fermeté » (*Philèbe,* 59 AB). Remarquons toutefois que Socrate admet certaines « opinions vraies » qui, sur le plan pratique, peuvent nous être utiles (*Philèbe,* 39 A; *Ménon,* 97 BD).

[34] *Sophiste,* 230 D.

Socrate soumet ainsi ses interlocuteurs à une véritable katharsis visant à les débarrasser d'une fausse science qui n'est, le plus souvent, que le fruit de leur vanité ou de leur bonne conscience. Lui qui ne connaît rien, qui ne se flatte d'aucune sagesse, jouit du privilège de débusquer l'opinion fausse et le préjugé stérile. Lui dont la coutume est de remettre toujours tout en question, lui qui ne se satisfait jamais d'une réponse hâtive dont la clarté lui paraît trop évidente pour être exacte, il trouble trop profondément l'esprit de ses concitoyens pour n'être pas combattu. Lui qui « déforme la jeunesse en la mettant à la torture par ses questions [35] », il dévoile avec trop de pertinence et de lucidité les faiblesses, les limites, les illusions de ses interlocuteurs pour échapper à la persécution. Lui qui ne laisse point en repos ceux qu'il interroge au hasard de ses rencontres [36] les oblige à considérer leur propre vacuité, éclaire d'une lumière cruelle ce qu'ils ne veulent point s'avouer à eux-mêmes.

Esprit critique dont l'ironie — au sens étymologique comme au sens figuré — fait mal car elle débride les plaies les plus secrètes comme les plus profondes, Socrate démonte avec une rigueur implacable les sophismes les mieux dissimulés sous les coutumes et les préjugés de son époque.

---

[35] *Gorgias,* 522 B.

[36] En peu de mots, Socrate définit sa mission : « Ma seule affaire, déclare-t-il, c'est en effet d'aller par les rues pour vous persuader, jeunes et vieux, de ne vous préoccuper ni de votre corps ni de votre fortune aussi passionnément que de votre âme, pour la rendre aussi bonne que possible; oui, ma tâche est de vous dire que la fortune ne fait pas la vertu, mais que de la vertu provient la fortune et tout ce qui est avantageux soit aux particuliers, soit à l'Etat. Si c'est par ce langage que je corromps la jeunesse, il faut donc que cela soit nuisible... » (*Apologie de Socrate,* 30 AB). L'on appréciera l'ironie de la dernière phrase...

Il en dénude les faiblesses et les incohérences, il en dévoile les limites et les contradictions.

Ce faisant, il se condamne à mort, car l'on sait que ce que l'homme redoute le plus, c'est de se voir tel qu'il est, c'est de ne plus pouvoir se jouer la comédie...

★
★ ★

Le rôle de Socrate ne se limite toutefois point à débarrasser ses interlocuteurs de leur science illusoire, de leur sagesse frelatée.

Après avoir détruit ce qui empêche l'acquisition de ce que nous pourrions nommer une culture véritable, le maître de Platon aide ceux qu'il interroge à devenir, tant au point-de-vue intellectuel qu'au point-de-vue moral, des hommes dignes de ce nom.

Socrate, répétons-le, ne nous enseigne rien, mais il agit, à l'égard de ses interlocuteurs, d'une telle manière qu'ils engendrent d'eux-mêmes, qu'ils tirent de leur propre fonds la sagesse dont ils témoignent dès qu'ils ont quelque peu fréquenté le maître de Platon. Celui-ci se présente d'ailleurs comme un « accoucheur d'esprits » : « Mon art, déclare-t-il, possède les mêmes caractéristiques que celui des accoucheuses; la différence est qu'il délivre les hommes, non les femmes et que ce sont les âmes qu'il surveille en leur travail d'enfantement, et non les corps [37]. » A l'un de ses jeunes interlocuteurs, Socrate donne le conseil : « Livre-toi donc à moi comme au fils d'une accoucheuse, lui-même accoucheur. efforce-toi de répondre à mes questions le plus exactement que tu pourras; et si, examinant quelqu'une de tes formules, j'estime y trouver apparence vaine et non point

[37] *Théétète*, 150 B.

vérité, et qu'alors je l'arrache et la rejette au loin, ne va pas entrer en cette fureur sauvage qui prend les jeunes accouchées menacées en leur premier enfant [38]... »

La pédagogie socratique témoigne de sa valeur dans la mesure où elle permet à l'interlocuteur du maître de Platon d'agir d'une manière personnelle lorsqu'il fait œuvre cognitive; cet interlocuteur doit, en quelque sorte, recréer pour son propre compte ce dont il s'instruit de telle façon que les connaissances qu'il acquerra lui deviendront profondément personnelles et posséderont, à ses yeux, un intérêt plus considérable en même temps qu'une plus grande utilité.

Dans cette perspective, nous voudrions donner un exemple de la manière dont Socrate procède pour aider ses interlocuteurs à obtenir une connaissance vraiment personnelle.

Le *Ménon* nous le fournira; le maître de Platon y interroge un esclave sur un problème de géométrie. S'engageant dans une dialectique aussi lente que précise dans laquelle il garde toujours l'initiative [39], Socrate réussit à

---

[38] *Théétète,* 151 BC.

[39] Notons ainsi que le serviteur ne joue qu'un rôle assez limité dans la dialectique où l'engage Socrate. Le plus souvent, il ne fait qu'approuver les suggestions interrogatives du maître de Platon; ses réponses se montrent fort laconiques : « oui », « non », « sans doute », « peut-être », « assurément »... En d'autres termes, ce que Socrate recherche, c'est de solliciter l'intelligence de l'esclave en vue de lui faire découvrir la vérité — logique autant qu'expérimentale — de ce qu'il lui suggère. La manière dont le maître de Platon conduit l'interrogatoire incite le serviteur à donner son accord et à reconnaître pour exactes une série de petites évidences aisées à vérifier, et dont la succession apparaît comme tout à fait logique. Il ne s'agit point, en dépit des apparences, d'un interrogatoire au sens strict, mais d'un entretien durant lequel le maître de Platon garde toujours l'initiative et ne fait qu'engager le serviteur à regarder comme exact et à faire sien, pourrions-nous dire, un ensemble de vérités fragmentaires découlant l'une de l'autre et

mettre sur les lèvres de son interlocuteur la formule générale du calcul d'une surface; pour ce faire, il s'appuie sur certains principes que le serviteur connaît immédiatement à partir de figures tracées sur le sol : « — Dis-moi, mon ami, sais-tu que cet espace est carré ? — Oui. — Et que dans un espace carré, les quatre lignes que voici sont égales ? — Sans doute. — ... Si on donnait à ce côté deux pieds de long et à cet autre également deux quelle serait la dimension du tout ? Examine la chose comme ceci; s'il y avait de ce côté, deux pieds, et, de cet autre, un seul, n'est-il pas vrai que l'espace serait d'une fois deux pieds ? — Oui. — Mais du moment qu'on a pour le second côté deux pieds, cela ne fait-il pas deux fois deux ? — En effet. — L'espace est alors de deux fois deux pieds ? — Oui. — Combien font deux fois deux pieds ? Fais le calcul et dis-le moi. — Quatre, Socrate [40]. »

Socrate lui demande ensuite de découvrir la formule permettant de construire un carré double du premier; l'esclave estime d'abord qu'il suffit de doubler la longueur du côté pour obtenir une surface double de la première; le maître de Platon ne manque pas de lui montrer son erreur; la manière dont il le fait nous paraît intéressante : « — Réponds-moi, demande-t-il au serviteur, tu dis qu'une ligne double donne naissance à une surface double. Comprends-moi bien : je ne parle pas d'une surface longue d'un côté, courte de l'autre; je cherche une surface comme celle-ci : égale dans tous les sens mais qui ait une étendue double, soit de huit pieds. Vois si tu crois encore qu'elle résultera du doublement de la ligne ? — Je le crois. — Cette ligne que tu vois sera-t-elle doublée si nous

constituant ainsi une structure cohérente dont l'exactitude ne peut être mise en doute.
[40] *Ménon*, 82 C.

ajoutons en partant d'ici une autre d'égale longueur ?
— Sans doute. — C'est donc sur cette nouvelle ligne que
sera construite la surface de huit pieds si nous traçons
quatre lignes pareilles ? — Oui [41]... »

Ayant tracé sur le sol ces quatre lignes, Socrate attire
aussitôt l'attention du serviteur sur le fait que la surface
initiale entre quatre fois dans le nouvel espace : « — Quelle
est donc d'après cela l'étendue de ce nouvel espace ?
N'est-il pas quatre fois plus grand ? — Nécessairement. —
Une chose quatre fois plus grande qu'une autre en est-elle
le double ? — Non, par Zeus... — Qu'est-elle alors ? —
Le quadruple. — Ainsi, en doublant la ligne, ce n'est pas
une surface double que tu obtiens, c'est une surface
quadruple. — C'est vrai [42]... » Nous reconnaissons ici la
méthode socratique qui débarrasse de leur science illusoire
les interlocuteurs du maître de Platon. Mais, ainsi que nous
venons de le dire déjà, le sage athénien ne se limite point à
une semblable purgation de ceux qu'il interroge; il tente
ensuite de leur faire découvrir par eux-mêmes la solution
exacte des problèmes envisagés. Ainsi, dans le *Ménon*,
Socrate s'efforce, grâce à une dialectique habile, d'amener
l'esclave à comprendre que, pour doubler la surface d'un
carré, il faut en construire un autre en prenant comme côté
les diagonales du premier : après avoir tracé sur le sol
trois carrés égaux à la surface initiale, le maître de Platon
déclare : « — Cette ligne que nous traçons d'un angle à
l'autre dans chaque carré, ne les coupe-t-elle pas en deux
parties égales ? — Oui. — Voici donc quatre lignes égales
qui enferment un nouveau carré. — Je le vois. — Réflé-
chis : quelle est la dimension de ce carré ? — Je ne le vois
pas. — Est-ce que dans chacun de ces quatre carrés, cha-

[41] *Ménon*, 82 E-83 A.
[42] *Ménon*, 83 BC.

cune de nos lignes n'a pas séparé une moitié en dedans ?
Oui ou non ? — Oui. — Et combien y a-t-il de ces moitiés
dans le carré du milieu ? — Quatre. — Et dans celui-ci ?
— Deux. — Qu'est-ce que quatre par rapport à deux ?
— C'est le double. — Combien de pieds alors a ce
carré-ci ? — Huit. — Et sur quelle ligne est-il construit ?
— Sur celle-ci. — Sur la ligne qui va d'un angle à l'autre
dans le carré de quatre pieds ? — Oui. — Cette ligne est
ce que les sophistes appellent la diagonale. Si telle est son
appellation, c'est la diagonale qui, selon toi, esclave de
Ménon, engendre l'espace double ? — Oui [43]...

Ainsi que ce dialogue le montre, au moment où Socrate
commence son interrogatoire, le serviteur ignore la règle en
question (tout en pensant la connaître), mais il se révèle
capable de la retrouver, de l'élaborer pour peu qu'on
l'interroge adroitement. La tâche du maître de Platon se
borne à lui montrer le bon usage de son intelligence;
Socrate est vraiment, ainsi qu'il le déclarera dans le
Théétète, un véritable « accoucheur d'esprits ».

Le maître de Platon précise ensuite que le serviteur ne
bénéficie encore que d'une connaissance confuse « surgie
comme dans un rêve ». Il convient donc, pour qu'il
témoigne d'une science dépourvue d'incohérence, de l'interroger souvent et de diverses manières sur les mêmes objets,
lui imposant ainsi un effort de recherche plus considérable
encore. Ce n'est qu'à cette condition qu'il finira par obtenir
une « science aussi exacte que celle d'un homme du
monde [44] ».

Ainsi, la méthode socratique, dont nous venons de
donner un exemple significatif, exige de celui qui y est
soumis un effort obstiné et patient, un effort qui ne peut

[43] *Ménon,* 84 D-85 B.
[44] *Ménon,* 85 C.

jamais se relâcher et qui doit vaincre les obstacles que constitue la science illusoire, parfois si pénible à déraciner. Elle exige de l'esprit une habileté dialectique qui ne se laisse point prendre en défaut et qui contrôle sans cesse la recherche de telle sorte que celle-ci ne s'égare jamais. L'intelligence, dans la mesure où elle respecte les critères d'une semblable discipline aussi féconde que douloureuse, se purge d'abord, oserions-nous dire, de ses illusions et de sa bonne conscience puis engendre une opinion vraie qui, peu à peu, grâce à la dialectique, se transforme en sagesse véritable, rationnellement fondée.

Dans cette perspective, le grand intérêt de la méthode socratique est qu'elle « sait faire l'épreuve et discerner, en toute rigueur, si c'est apparence vaine et mensongère qu'enfante la réflexion du jeune homme, ou si c'est fruit de vie et de vérité [45]... ». C'est pourquoi le maître de Platon ajoute : « Ceux qui viennent à mon commerce, à leur premier abord, semblent, quelques-uns même totalement, ne rien savoir. Or tous, à mesure qu'avance leur commerce (avec moi), et pour autant que le dieu leur en accorde la faveur, merveilleuse est l'allure dont ils progressent, à leur propre jugement comme à celui des autres. Le fait est pourtant clair qu'ils n'ont jamais rien appris de moi et qu'eux seuls ont, dans leur propre sein, conçu cette richesse de beaux pensers qu'ils découvrent et mettent au jour [46]. »

Une semblable méthode pédagogique se fonde avant tout sur le travail personnel de l'étudiant et ne peut réussir que dans la mesure où l'interlocuteur de Socrate se révèle suffisamment doué tant au point-de-vue de l'intelligence qu'à celui de ses dispositions morales. Si l'un de ces deux

[45] *Théétète*, 150 B.
[46] *Théétète*, 150 D.

facteurs lui fait défaut, il ne peut retirer aucun bénéfice de ses contacts avec le maître de Platon.

C'est pourquoi celui-ci affirme, dans le *Théétète*, que, parmi ses interlocuteurs, « il y en a de qui (il) juge qu'ils ne sont en gestation d'aucun fruit (de vérité); je sais alors, ajoute-t-il, qu'ils n'ont de moi aucun besoin [47]... ». De semblables esprits se montreront toujours incapables d'élaborer de « belles pensées » et demeureront rétifs aux exigences de la discipline que voudra leur imposer Socrate dans ses interrogatoires. Quelque effort que le maître de Platon veuille tenter en leur faveur, il ne pourra, en dépit de sa bonne volonté, leur venir en aide et devra leur découvrir d'autres guides, moins bons que lui sans aucun doute quoique très capables toutefois de leur inculquer l'une ou l'autre connaissance, certes inférieure à la philosophie, mais adéquate aux capacités réduites dont témoignent ces jeunes gens : « Avec dévouement, déclare Socrate, je m'entremets pour eux et, grâce au ciel, je conjecture très exactement de quelle fréquentation ils tireront profit. Il en est plusieurs que j'ai ainsi accouplés à Prodicos, plusieurs à d'autres hommes sages et divins [48]. »

Plutôt que de les voir abandonnés à leur inculture, Socrate recommande ces esprits stériles aux éducateurs qui leur conviennent, aux sophistes, ces marchands d'illusions, ces hommes habiles mais dépourvus de toute droiture, qui ne tentent nullement de soumettre leur vie aux exigences de la vérité, mais visent une réussite extérieure, quand bien même celle-ci repose sur la vacuité de l'apparence. Le maître de Platon leur adresse ceux auxquels il n'a pu venir en aide, ceux qui n'ont pu tirer avantage de ses interrogatoires, ceux dont les capacités tant intellectuelles que

---

[47] *Théétète*, 151 B.
[48] *Théétète*, 150 B.

morales se révèlent trop déficientes pour qu'ils puissent, livrés à la dialectique de Socrate, accoucher de « belles pensées » et acquérir une sagesse authentique.

De semblables intelligences sont celles, entre autres, « qui ont de la facilité à apprendre, de la mémoire, de la sagacité, de la vivacité et toutes les qualités analogues mais qui n'y joignent pas d'habitude la force et la grandeur d'âme qui les rendraient capables de mener une vie calme, réglée et constante, mais ils sont emportés au hasard par leur vivacité et perdent toute stabilité [49] ». Ainsi donc, même à ceux dont l'intelligence se révèle vive et prompte, le contact de Socrate ne produit aucun effet s'ils ne témoignent pas de dispositions strictement morales qui apparaissent ainsi comme autant de conditions indispensables à l'acquisition d'une sagesse non frelatée [50]. A l'inverse, d'ailleurs, le facteur strictement intellectuel se révèle aussi nécessaire ainsi que nous l'apprend la *République* : « Ceux qui sont lourds et lents à apprendre (souffrent d'une semblable anémie spirituelle); on les dirait engourdis, ils ne font que dormir et bailler quand ils se trouvent en présence d'un travail intellectuel [51]. »

[49] *République*, 503 C.
[50] Sur ce sujet, nous nous permettons de renvoyer nos lecteurs à notre article, *Le thème platonicien de la Réminiscence et la purification morale*, in *Les études classiques*, XXXVIII, juillet 1970, p. 273-284.
[51] *République*, 503 D.

Platon nous donne dans le *Phèdre* une explication mythique de cette stérilité d'esprit : un grand nombre d'âmes, affirme-t-il, lorsqu'elles sont encore désincarnées, tendent à contempler l'univers des Idées; elles s'élancent toutes vers lui, mais « sombrent au milieu du remous qui les entraîne, se piétinent et se bousculent entre elles, chacune s'efforçant de se placer en avant d'une autre. C'est donc le tumulte, la lutte, les sueurs, tout cela à son comble, et, comme de juste, l'occasion pour beaucoup d'âmes, du fait de l'impéritie des cochers, d'être estropiées... Toutes enfin, accablées

Ces deux facteurs — dons intellectuels, pureté morale — ne vont pas l'un sans l'autre dans le processus grâce auquel Socrate accouche l'esprit de ceux qu'il interroge. Ce processus ne se révèle fructueux qu'en tant que l'interlocuteur du maître de Platon pratique une ascèse librement poursuivie et lucidement acceptée.

Une semblable ascèse implique, pour celui qui s'y adonne, l'obligation de s'éloigner des tentations et des illusions du monde sensible : « Etre ainsi libéré des biens terrestres, affirme Socrate, voilà à l'encontre de quoi l'âme du vrai philosophe pense qu'on ne doit rien faire, et de la sorte, elle se tient à l'écart des plaisirs aussi bien que des désirs, des peines, des terreurs pour autant qu'elle en a le pouvoir... Tous plaisirs et toutes peines possèdent une manière de clou qui leur permet de fixer l'âme au corps et de la ficher en lui, faisant qu'alors elle a de la corporéité et qu'elle juge de la vérité des choses d'après les affirmations mêmes du corps. Elle est telle par suite qu'elle ne parvient jamais chez Hadès en état de pureté mais toujours au contraire contaminée par le corps d'où elle est sortie. En conséquence de quoi, elle est frustrée de tout droit à partager l'existence de ce qui est divin et du même coup pur et unique en sa forme [52]. »

La dialectique purifie l'homme dans la mesure où celui-ci s'y applique avec détermination et persévérance. C'est à ce prix qu'aux yeux de Socrate, l'être humain acquerra une sagesse véritable; c'est « au moment où on aura discuté en

de fatigue, s'éloignent sans avoir été initiées à la contemplation des réalités, et, une fois éloignées, c'est l'opinion qui constitue leur nourriture... » (248 B).
Sur ce sujet, nos lecteurs pourront consulter notre étude, *Le thème de la réminiscence et le mythe platonicien*, in *Les études classiques*, XXXVII, janvier 1969, p. 19-43, déjà cité.
[52] *Phédon*, 80 BE.

des entretiens bienveillants où l'envie ne dicte ni les questions, ni les réponses, que sur l'objet étudié luira la lumière de la sagesse et de l'intelligence avec toute l'intensité que peuvent supporter les forces humaines [53] ».

La sagesse du maître de Platon apparaît ainsi comme la science la plus haute et la plus difficile dans la mesure où, loin d'imposer le dogmatisme de ses vues personnelles — si brillantes et si justes qu'elles puissent paraître — Socrate préfère se consacrer tout entier à la tâche « d'accoucher l'esprit » de ses auditeurs, c'est-à-dire de leur venir en aide et de les inciter, par une dialectique appropriée, à élaborer pour eux-mêmes et par eux-mêmes une pensée qui leur soit vraiment personnelle, en même temps qu'une règle de conduite propre, en un mot, une sagesse qui émane de leur personnalité la plus profonde, une sagesse dont ils vivront, en toute lucidité et avec courage.

[53] *Septième lettre*, **344 B.**

LA CRITIQUE, SOURCE DE SAGESSE

Se remettre en question constitue à nos yeux une attitude philosophique dont l'humilité nous semble particulièrement efficace; efficace certes au niveau de l'éthique (la présomption, la suffisance, autant de pièges bien tentateurs...), efficace aussi au niveau d'une lucidité d'autant plus précieuse qu'elle nous éclaire tout à la fois sur nous-mêmes et sur la réalité extérieure.

Cette lucidité se révèle d'autant plus difficile à atteindre qu'elle dévoile sans pudeur nos faiblesses, nos lacunes, nos limites, qu'elle nous contraint à renier nos préjugés, fruits de notre éducation et de notre insertion en une société déterminée, qu'elle nous découvre une réalité extérieure que nous devons alors reconnaître et admettre malgré que nous en ayons...

Nous voudrions montrer en ces quelques pages que cette remise en question, d'autant plus à la mode aujourd'hui qu'elle se limite le plus souvent à une démagogie verbale, à quelques attitudes provocantes, mais tout extérieures, n'est point une création du XXᵉ siècle, mais qu'elle prend son origine dans une philosophie que les Grecs ont élaborée voici vingt-quatre siècles et qu'ils nous ont léguée parmi beaucoup d'autres richesses que la plupart de nos contemporains ont l'outrecuidance infantile de dédaigner alors qu'à leur insu ils en vivent toujours.

Plus exactement, nous voudrions montrer que la remise en question actuelle n'est qu'une caricature — ridicule mais hélas ! combien ruineuse — de l'attitude critique telle que Socrate, le maître de Platon, le maître (au sens plénier du terme) de tout philosophe, l'a non seulement élaborée, mais surtout telle qu'il l'a mise en pratique, telle qu'il l'a vécue « σὺν ὅλῃ τῇ ψυχῇ », « usque ad mortem », comme on le dira plus tard...

Ce faisant, nous espérons montrer que cette remise en question présente un caractère beaucoup plus radical, en dépit des apparences, que la contestation actuelle; la critique socratique revêt certes un aspect plus discret, mais elle se révèle beaucoup plus exigeante pour ceux qui prétendent la mettre en œuvre : elle s'opère en effet à partir d'une réforme radicale de soi-même et ne porte ses fruits qu'après une remise en question, rigoureusement poursuivie, du comportement tout entier de ceux qui décident de se soumettre aux contraintes de sa discipline dialectique.

*
* *

Rien n'est plus utile à celui qui recherche la vérité que la découverte de son ignorance et la rencontre d'obstacles imprévus, déclare Socrate dans le *Ménon* platonicien; le sage athénien, après avoir interrogé, avons-nous vu, un esclave sur un problème de géométrie (comment calculer la surface d'un carré double d'un carré donné ?) en vue de démontrer à son interlocuteur que toute connaissance se révèle être une réminiscence [1], pose une question : « Crois-tu qu'il (l'esclave) eût été disposé à chercher et à apprendre une chose qu'il ne savait pas mais qu'il croyait savoir avant de s'être senti dans l'embarras pour avoir pris conscience de son ignorance et d'avoir conçu le désir de savoir ? — Je ne le crois pas, Socrate ! — Par conséquent, son engourdis-sement lui a été profitable ? — C'est mon avis [2]. » (84 C).

Sans l'obstacle de l'erreur ou la contrainte de la difficulté, l'être humain se croit dans la vérité, il se donne bonne conscience et ne consent aucun effort en vue de remettre en question ses idées ou ses attitudes, quand bien même d'autres le lui suggéreraient.

Par contre, lorsqu'il se voit dans l'obligation de recon-naître qu'il s'est trompé (en conséquence par exemple d'une argumentation irréfutable) ou lorsqu'il prend conscience d'une difficulté qui ne lui laisse aucune échappatoire, l'esprit se sent engagé, ne fût-ce que par amour-propre, à tenter de surmonter ce qui l'arrête ou l'embarrasse. C'est ainsi que, comme nous l'avons déjà vu, Lachès, un autre interlocuteur de Socrate, lui déclare dans le dialogue du même nom : « — Pour moi, Socrate, je suis vraiment en colère quand je me vois si incapable d'exprimer ce que je pense. Je suis convaincu que je me fais du courage une idée exacte mais elle m'échappe, je ne sais comment, si

[1] Sur ce sujet, nous nous permettons de renvoyer nos lecteurs à l'article que nous avons publié dans *Les études classiques*, *Le thème de la Réminiscence dans les « Dialogues » de Platon*, juillet 1965, p. 225-252; octobre 1956, p. 377-400, vol. XXXIII, déjà cité.
[2] Dans le *Ménon*, Socrate entreprend de prouver à son inter-locuteur sceptique la réalité du phénomène d'anamnèse cognitive en interrogeant sur un problème de géométrie un jeune esclave ignare en cette discipline.

bien que ma parole ne peut arriver à la saisir ou à la formuler... » (*Laches,* 194).

D'autres interlocuteurs de Socrate se mettent eux aussi en colère parce que la dialectique du maître de Platon les pousse dans leurs derniers retranchements; tel Thrasymaque qui, dans la *République,* trouve la méthode socratique spécieuse, car trop subtile à son goût; il s'énerve et déclare : « — A quel verbiage vous amusez-vous depuis si longtemps, s'exclame-t-il, pourquoi faites-vous les niais et vous inclinez-vous alternativement l'un devant l'autre ?... (336 C). Thrasymaque, ne pouvant admettre l'embarras et l'incertitude où la dialectique de Socrate entraîne ses interlocuteurs, réagit en déniant toute valeur à celle-ci et en considérant ceux qui s'y soumettent comme des fats se donnant la comédie l'un à l'autre d'une manière telle qu'ils espèrent briller ainsi aux yeux de ceux qui les écoutent.

Toutefois, en dépit du ressentiment ou de la colère que l'on peut manifester lorsque l'on découvre la caducité des idées et des attitudes que l'on croyait le plus fondées ou lorsque l'on achoppe à une difficulté d'autant plus insupportable qu'elle était imprévue, une seule voie demeure ouverte : s'interroger avec une humble lucidité sur le problème posé, examiner avec une attention aiguisée toutes ses facettes, jauger toutes les hypothèses, passer au crible de la raison la plus sourcilleuse les solutions proposées, cultiver enfin la vertu de patience.

L'on comprend dès lors pourquoi ceux qui, tel Socrate, désirent faire « progresser dans la science ceux qu'ils interrogent, leur posent des questions auxquelles, croyant répondre quelque chose de valable, ils ne répondent cependant rien qui vaille; puis vérifiant aisément la vanité d'opinions aussi errantes, ils (les interrogateurs) les rassemblent dans leurs critiques, les confrontent les unes avec les autres et, par cette confrontation, les démontrent sur les mêmes objets, aux mêmes points de vue, sous les mêmes rapports, mutuellement contradictoires. Ce que voyant, les interlocuteurs en conçoivent du mécontentement contre eux-mêmes et des dispositions plus conciliantes envers autrui [3]. Par un tel traitement, tout ce qu'ils avaient sur eux-mêmes d'opinions orgueilleuses et cassantes leur est enlevé, ablation où l'auditeur trouve le plus grand charme et le patient le profit le plus durable. Un principe en effet inspire ceux qui pratiquent cette méthode purgative... Ils

---

[3] Ce n'est point toujours le cas de prime abord, nous venons de le constater à propos de Thrasymaque. Lorsque son interlocuteur regimbe trop violemment sous son aiguillon critique, Socrate abandonne provisoirement sa méthode favorite et adopte une attitude psychologiquement plus adéquate à l'agressivité de son partenaire; par exemple, face à Thrasymaque en colère, il tente d'amadouer celui-ci en se gardant de toute argumentation d'apparence spécieuse et en lui offrant la parole, dissimulant son ironie sous des propos flatteurs (« puisque tu affirmes savoir quelque chose, lui dit-il, fais-moi le plaisir de me répondre et n'enlève pas à ceux qui nous écoutent la joie de s'instruire à tes discours... »), propos parfaitement adaptés à la psychologie du personnage... En d'autres circonstances, Socrate commence par se soumettre à la volonté de son interlocuteur, alors qu'il estime que celui-ci commet une faute : « Si j'étais le maître de ta volonté, Ménon, lui déclare-t-il, comme de la mienne, nous n'examinerions pas si la vertu peut s'enseigner ou non avant d'avoir recherché ce qu'elle est; mais puisque tu ne fais aucun effort pour te commander... sans doute afin d'être libre (on appréciera l'ironie de cette supposition...) et que, d'autre part, tu prétends me commander et que tu me commandes en effet, je me résigne à obéir; comment faire autrement ? ... » (*Ménon*, 86 D). Socrate accepte d'inverser les questions à débattre, car il s'aperçoit que son interlocuteur se refuse à tout autre ordre de discussion et qu'il ne trouverait par conséquent aucun profit à suivre, ainsi contraint, la volonté socratique. Le maître de Platon accepte une entorse au déroulement normal de la dialectique afin de satisfaire un interlocuteur inexpérimenté.

se sont fait à propos de l'âme cette idée qu'elle ne tirera de ce qu'on peut lui ingérer de science aucun bénéfice jusqu'à ce qu'on l'ait soumise à la réfutation et que, par cette réfutation, lui faisant honte d'elle-même, on l'ait débarrassée des opinions qui ferment les voies à l'enseignement, amenée à l'état de pureté manifeste et à croire savoir ce qu'elle sait mais pas davantage. » (*Sophiste*, 230 AD).

C'est pourquoi Socrate encourage ses interlocuteurs qui hésitent à répondre et à dialoguer. Il leur recommande de ne point s'enfermer en un mutisme boudeur et stérile ni de se révolter comme le font les jeunes gens lorsque leur maître les rabroue et corrige leurs erreurs. « — Livre-toi donc à moi comme au fils d'une accoucheuse, lui-même accoucheur, déclare-t-il, souvenons-nous-en, à son interlocuteur Théétète, efforce-toi de répondre à mes questions le plus exactement que tu pourras... Et si, examinant quelques-unes de tes formules, j'estime y trouver apparence vaine et non point vérité, et qu'alors, je l'arrache et la rejette au loin, ne va pas entrer en cette fureur sauvage qui prend les jeunes accouchées menacées en leur premier enfant. C'est le cas de plusieurs déjà, ô merveilleux jeune homme (remarquons à nouveau dans cette expression l'ironie socratique...), qui, envers moi, en sont venus à ce point de défiance qu'ils sont réellement prêts à mordre dès la première niaiserie que je leur enlève. Ils ne s'imaginent point que c'est par bienveillance que je le fais... » (*Théétète,* 157 BC).

Socrate s'efforce donc d'adapter sa méthode au point-de-vue et au caractère de chaque individu de telle sorte qu'un chacun puisse découvrir la vérité par les voies qui lui sont personnelles. Le raisonnement dialectique se formule de manière différente selon la maturité, le goût, le tempérament et l'esprit des interlocuteurs de Socrate.

Le maître de Platon respecte ainsi l'originalité caracté-
rielle de ses interlocuteurs; il sait en effet que la vérité, tout
objective qu'elle puisse être, ne peut se révéler en son
objectivité même qu'à des esprits bien disposés et selon des
modalités, des voies et des points de vue qui leur sont
propres. Il sait que le processus cognitif constitue une
démarche personnelle de chaque être humain de telle sorte
qu'il revêt certaines formes particulières dans la mesure où
il dépend de la sensibilité et de la tournure d'esprit d'un
chacun. Ainsi que l'écrit R. Schaerer, « la vérité la plus
objective n'est (aux yeux de Socrate) accessible que par des
voies individuelles [4] ».

Cela ne veut pas dire que cette vérité se soumet à l'arbitraire de l'homme, ainsi que le veut Protagoras lorsqu'il
déclare que chaque être humain est la mesure de toutes
choses. Socrate nous déclare, au contraire, dans la *République*, que l'intelligence demeure soumise à l'objectivité
dans la mesure où l'éducation constitue « l'art de tourner
cette intelligence vers l'Etre et la partie la plus brillante de
l'Etre qui est le Bien ». (518 B).

C'est dans cette perspective qu'il faut comprendre les
paroles de Socrate lorsqu'il affirme ne rien enseigner à ses
disciples, mais les aider simplement à « réveiller la vérité
qui dort en leurs esprits ». Il exerce donc un métier analogue à celui de sa mère Phénarète. Mais lui accouche les
intelligences, non les corps. Il aide ces intelligences à se
délivrer des « connaissances » dont elles sont grosses, connaissances réelles, mais dont elles n'ont point conscience
jusqu'au moment où Socrate les interroge et leur donne
ainsi l'occasion de les formuler. Il ne leur apprend rien à

---

[4] R. Schaerer, *La question platonicienne*, Paris-Neuchâtel, 1938,
p. 66.

proprement parler [5], mais il les dispose d'une telle manière qu'ils deviennent capables d'atteindre eux-mêmes la vérité sans que personne la leur révèle [6]. Socrate souffre en effet d'une « même impuissance que les accoucheuses; de même qu'elles n'enfantent point elles-mêmes mais y aident, de même il lui est impossible d'enfanter en sagesse... » (*Théétète*, 150 C). Incapable d'élaborer lui-même une quelconque doctrine, il ne peut qu'éveiller à la sagesse ceux qui viennent à lui, ceux qui acceptent les exigences et les contraintes de sa méthode dialectique, ceux mêmes qui « semblent ne rien savoir ». (*Théétète*, 150 D). Le maître de Platon déclare, rappelons-le : « — Mon art maieutique a les mêmes attributions que le leur (le travail des accoucheuses); la différence réside en ce qu'il délivre les hommes et non les femmes, en ce que ce sont les âmes (c'est-à-dire les psychismes) qu'il surveille en leur travail d'accouchement, non point les corps. » (*Théétète,* 150 B). Socrate précise toutefois que son rôle ne se limite pas exclusivement à une tâche d'assistance; il ajoute en effet : « — Mais le plus grand privilège de l'art que je pratique est qu'il sait

[5] La méthode socratique révèle, semble-t-il, de nombreuses analogies avec l'activité des psychothérapeutes et des psychanalystes actuels; toute œuvre cognitive constitue pour eux comme pour le maître de Platon une plongée dans les profondeurs du psychisme, source d'une découverte objective autant que personnelle des relations du moi et de ses pulsions (le mythe de l'âme humaine dans le *Phèdre*) confrontés aux contraintes du monde extérieur. Nous espérons le montrer lors d'un prochain article. — Sur le mythe de l'âme humaine dans le *Phèdre,* nous nous permettons de renvoyer nos lecteurs à notre chapitre ci-après *La métaphysique de l'âme humaine dans le « Phèdre » de Platon.*

[6] De même, actuellement, le psychothérapeute et le psychanalyste n'apportent rien de tangible à leurs clients mais se bornent à créer des conditions favorables à la prise de conscience progressive de ceux-ci.

faire l'épreuve et discerner en toute rigueur si c'est apparence vaine ou mensongère qu'enfante la réflexion du jeune homme, ou si c'est fruit de vie et de vérité... Ceux qui viennent à mon commerce, à leur premier abord, semblent, quelques-uns, même totalement, ne rien savoir [7] ... Or merveilleuse est l'allure dont ils progressent. Le fait est pourtant clair qu'ils n'ont jamais rien appris de moi et qu'eux-mêmes ont dans leur propre sein conçu cette richesse de beaux pensers qu'ils découvrent et mettent au jour. Cet art d'accoucher, moi qui vous parle, je l'ai reçu de Dieu comme ma mère [8] ... » (*Théétète*, 150 D; 210 C.)

Le rôle de Socrate apparaît donc en toute clarté : grâce à ses questions, grâce à sa méthode dialectique [9] ses inter-locuteurs élaborent de « beaux pensers », ils puisent en eux-mêmes cette sagesse, fruit de la méditation personnelle, et opèrent une conversion de tout leur être.

Mais ils n'atteignent ce but, mais ils ne sont récompensés de leurs efforts qu'après avoir d'abord éprouvé, par un examen critique aussi sincère qu'approfondi, les limites de ce qu'ils savent et de ce qu'ils ignorent. Ils devront perdre toutes leurs illusions en ce domaine avant d'entreprendre avec quelque chance de succès une recherche de la vérité.

[7] Si même, comme nous l'avons dit ci-dessus, le psychothéra-peute et le psychanalyste ne « fournissent » rien en apparence à ceux qu'ils traitent, ils opèrent un travail de contrôle sur le déroulement de la cure et doivent savoir reconnaître et distinguer les faux-fuyants et les explications-masques.

[8] Pour que la cure ait quelque chance de succès, malgré qu'ils en aient, le psychothérapeute et le psychanalyste apparaissent toujours un peu, surtout au début, comme des thaumaturges... Point trop n'en faut tout de même...

[9] Sur les relations du phénomène cognitif conçu comme une réminiscence et la dialectique de Socrate, nos lecteurs pourront consulter notre article *Réminiscence et dialectique platoniciennes*, dans *Les études classiques*, no 3, juillet 1967, p. 225-248.

En d'autres termes, la maïeutique de Socrate ne peut se révéler fructueuse si elle ne provoque point tout d'abord en quelque sorte une espèce d'indignation [10] chez ceux sur qui elle prétend opérer. C'est pourquoi, souvenons-nous-en, Ménon, dans le dialogue qui le met en scène, déclare, fort en colère : « — Socrate, j'avais appris par ouïe-dire, avant même de te rencontrer, que tu ne faisais pas autre chose que trouver partout des difficultés et en faire trouver aux autres. En ce moment, je le vois bien, par je ne sais quelle magie et quelles drogues, par tes incantations, tu m'as si bien ensorcelé que j'ai la tête remplie de doutes. J'oserais dire, si tu me permets une plaisanterie, que tu me parais ressembler tout à fait, par l'aspect et par tout le reste, à ce large poisson de mer qui s'appelle une torpie. Celle-ci engourdit aussitôt quiconque s'approche et la touche; tu m'as fait éprouver un effet semblable. Oui, je suis vraiment engourdi de corps et d'âme et je suis incapable de te répondre [11]. Cent fois pourtant, j'ai fait des discours sur la vertu devant des foules et toujours, je crois, je m'en suis bien tiré. Mais aujourd'hui, impossible absolument de dire ce qu'elle est [12]. Tu as bien raison, crois-moi, de ne vouloir ni naviguer, ni voyager hors d'ici; avec une conduite

---

[10] Dans les débuts d'une cure psychothérapeutique ou psychanalytique, il est bien connu qu'il se produit souvent une espèce de « rébellion » de la part du patient... Socrate connaissait déjà le phénomène...

[11] Une nouvelle analogie avec le processus de la cure psychothérapeutique ou psychanalystique pourrait être faite : il s'agit du « blocage », phénomène psychique courant dans la cure.

[12] La cure psychothérapeutique ou psychanalystique rend peu à peu impossible le recours aux faux-fuyants, aux explications-masques, aux rationalisations abusives derrière lesquelles le patient s'abrite; celui-ci, ne pouvant plus s'en servir, est provisoirement réduit au silence; le « blocage » dont nous venons de parler se produit alors.

pareille, dans une ville étrangère, tu ne serais pas long à être arrêté comme sorcier [13]. » (*Menon*, 80 AB).

Aux yeux de Socrate, répétons-le, rien n'est plus utile pour l'être humain qui recherche la vérité que l'embarras ou la colère pourvu qu'il ait le courage et l'humilité suffisantes pour surmonter l'impression pénible que lui procurent ces deux sentiments; cet embarras, cette colère prennent leur source dans la destruction d'erreurs et de préjugés qui constituent autant d'obstacles à l'acquisition de la sagesse. La bonne conscience et la vanité, l'absence d'esprit critique et la paresse intellectuelle interdisent jusqu'à la velléité de remettre en doute ce que l'on croit connaître de science sûre.

La méthode socratique se révèle une véritable katharsis, elle opère une espèce de purification de l'esprit dans la mesure où elle lui découvre ses faiblesses et lui montre les limites de sa connaissance. C'est pourquoi le maître de Platon se réjouit d'embarrasser ses interlocuteurs, de leur créer mille difficultés, c'est pourquoi il se hâte de souligner les contradictions dont foisonnent leurs réponses.

Ne provoquant en leur esprit que perplexité (*Théétète*, 149 A), il suscite chez ceux qui acceptent de le fréquenter le « tourment de savoir », l'inquiétude féconde, semblable aux douleurs de l'enfantement (*Théétète*, 148 C).

Il les fascine de telle sorte qu'ils se sentent violemment engagés à le suivre, à écouter ses conseils, à continuer en eux et dans leur entourage l'œuvre de réforme spirituelle qu'il a entreprise, tout en étant d'autre part irrités de son attitude ironique (au sens figuré comme au sens initial du

---

[13] L'on appréciera l'ironie amère de ce passage : Socrate n'a pas dû voyager pour « être arrêté comme sorcier » : sa propre cité l'a reconnu coupable de « corrompre la jeunesse » et l'a condamné pour ce motif à mort...

terme : l'εἰρωνεια étant, comme chacun sait, à l'origine une interrogation critique).

Un excellent exemple, nous semble-t-il, nous en est donné par le jeune Alcibiade, ce politicien véreux, cet aristocrate corrompu, qui déclare, répétons-le, dans le *Banquet :* « — Quand je l'entends, le cœur me bat bien plus qu'aux corybantes dans leurs transports; ses paroles, les siennes [14], font couler mes larmes. Plus d'une fois, le Marsyas que voici m'a mis en un tel état qu'il me semblait impossible de vivre en me comportant comme je me comporte. Même encore à présent, j'ai conscience que, si je consentais à lui prêter l'oreille, je n'y pourrais pas tenir, mais que j'éprouverais les mêmes émotions (...).

Bien des fois même, je verrais avec joie Socrate disparaître du monde des hommes et par contre, si cela arrivait, je sais parfaitement que j'en aurais un bien plus grand chagrin [15]... » (*Banquet,* 215 E - 216 C).

La méthode socratique trouble trop profondément nos consciences et nos habitudes pour n'être pas combattue, vilipendée ou tournée en ridicule; elle révèle avec trop d'acuité et de lucidité impitoyable nos faiblesses, nos duplicités, notre ignorance trop facilement, trop lâchement acceptée, pour échapper à l'incompréhension malveillante.

---

[14] Alcibiade, lorsqu'il prend la parole, est gris : d'où le style de son discours, celui d'un homme légèrement pris de boisson. Ce discours nous apparaît comme un admirable portrait psychologique du personnage, tracé de main de maître en filigrane.

[15] Une nouvelle analogie peut être signalée entre l'attitude d'Alcibiade vis-à-vis de Socrate et celle du patient à l'égard du psychanalyste : il s'agit du phénomène du « transfert » psychanalytique par lequel ce patient noue une relation d'abord très ambivalente avec son psychothérapeute ou son psychanalyste, relation apparemment paradoxale faite d'« amour » et de « haine » en étroite liaison...

Homme dont la coutume est de s'interroger sur tout et de remettre tout en question (il sera, à soixante-dix ans, inculpé « de déformer la jeunesse en la mettant à la torture par ses questions ») (*Gorgias*, 522 B), il ne laisse point ses interlocuteurs en repos, mais les oblige à considérer leur propre vacuité, éclaire d'une lumière cruellement lucide ce qu'ils ne veulent point s'avouer à eux-mêmes.

Esprit critique dont l'ironie (au sens propre comme au sens figuré) fait mal, car elle débride les plaies les plus secrètes comme les plus profondes, Socrate démonte avec une rigueur implacable les sophismes les mieux dissimulés, les faux-fuyants apparemment les plus sincères, les rationalisations abusives, les croyances et les préjugés les plus enracinés.

Sans avoir l'air d'y toucher, il dénude les faiblesses, dévoile les incohérences. Ce faisant, il va droit à la mort, car l'on sait que ce que les hommes redoutent le plus, c'est de se voir tels qu'ils sont, c'est de ne plus pouvoir donner le change à eux-mêmes aussi bien qu'aux autres.

DE L'EDUCATION
SELON MONTAIGNE (I)

Dans sa lettre à Diane de Foix, comtesse de Gurson [1], dont le texte constitue le chapitre XXVI du livre Iᵉʳ des *Essais*, Montaigne expose, à l'occasion de la naissance toute proche du premier enfant de la comtesse [2], son programme d'éducation.

Il nous paraît opportun de relire attentivement certaines pages de cette lettre célèbre et d'en proposer une brève analyse. Nous verrons ainsi que ce texte, en dépit de ses quatre cents ans d'existence, demeure, plus que jamais, d'actualité.

*
* *

---

[1] Diane de Foix, fille de Frédéric de Foix, épousa le 8 mai 1579 son parent Louis de Foix, comte de Gurson. Ainsi que l'écrit M. Rat, « Montaigne était fort lié avec la famille des Gurson, ses voisins ». (Ed. des *Essais*, t. I, p. 417, n. 389.)

[2] Ce chapitre date donc de la fin de 1579 .

Citons d'abord les paragraphes que nous avons choisis pour notre étude [3].

*
* *

« ... A un enfant de maison qui recherche les lettres, non pour le gaing (car une fin si abjecte est indigne de la grace et faveur des Muses, et puis elle regarde et dépend d'autruy), ny tant pour les commodités externes que pour les sienes propres, et pour s'en enrichir et parer au dedans, ayant plustost envie d'en tirer un habil'homme qu'un homme sçavant, je voudrois aussi qu'on fut soigneux de luy choisir un conducteur qui eust plustost la teste bien faicte que bien pleine, et qu'on y requit tous les deux, mais plus les meurs et l'entendement que la science; et qu'il se conduisist en sa charge d'une nouvelle manière.

« On ne cesse de criailler à nos oreilles, comme qui verseroit dans un antonnoir, et nostre charge ce n'est que redire ce qu'on nous a dict. Je voudrois qu'il corrigeast cette partie, et que, de belle arrivée [4], selon la portée de l'ame qu'il a en main, il commençast à la mettre sur la montre [5], luy faisant gouster les choses, les choisir et discerner d'elle-mesme; quelquefois luy ouvrant chemin, quelque fois le luy laissant ouvrir. Je ne veux pas qu'il invente et parle seul, je veux qu'il escoute son disciple parler à son tour. Socrates, et depuis Archésilas, faisoient premièrement parler leurs disciples, et puis ils parloient à eux. « Obest plerumque iis qui discere volunt auctoritas eorum qui docent [6] ».

Il est bon qu'il (le précepteur) le (l'élève) face trotter devant luy pour juger de son train, et juger jusques à quel poinct il se doibt ravaler [7] pour s'accomoder à sa force. A faute de cette proportion nous gastons tout; et de la sçavoir choisir, et s'y conduire bien mesuréement, c'est l'une des plus ardues besongnes que je sçache; et est l'effect d'une haute ame et bien forte, sçavoir condes-

---

[3] Notre texte est celui de l'édition des *Essais* par M. Rat, 3 vol., Paris, Librairie Garnier, 1948.

[4] D'emblée, aussitôt.

[5] A l'épreuve.

[6] « L'autorité de ceux qui enseignent nuit la plupart du temps à ceux qui veulent apprendre ». (Cicéron, *De Natura Deorum*, lib. I, cap. V.)

[7] Se rabaisser, se mettre à son niveau.

cendre à ses allures pueriles et les guider. Je marche plus seur et plus ferme à mont qu'à val.

Ceux qui, comme porte nostre usage, entreprennent d'une mesme leçon et pareille mesure de conduite regenter plusieurs esprits de si diverses mesures et formes, ce n'est pas merveille si, en tout un peuple d'enfans, ils en rencontrent à peine deux ou trois qui rapportent quelque juste fruit de leur discipline.

Qu'il ne luy demande pas seulement compte des mots de sa leçon, mais du sens et de la substance, et qu'il juge du profit qu'il aura fait, non par le tesmoignage de sa mémoire, mais de sa vie. Que ce qu'il viendra d'apprendre, il le luy face mettre en cent visages et accomoder à autant de divers subjets, pour voir s'il l'a encore bien pris et bien faict sien, prenant l'instruction de son progrèz des paedagogismes de Platon [8]. C'est tesmoignage de crudité et indigestion que de regorger [9] la viande comme on l'a avallee. L'estomac n'a pas faict son opération, s'il n'a faict changer la façon et la forme à ce qu'on luy avoit donné à cuire [10].

Notre ame ne branle qu'à crédit, liée et contrainte à l'appétit des fantasies d'autruy, serve et captivée soubs l'authorité de leur leçon. On nous a tant assubjettis aux cordes [11] que nous n'avons plus de franches allures. Notre vigueur et liberté est esteinte. « Numquam tutelae suae fiunt » [12]. Je vis privéement à Pise un honneste homme, mais si aristotélicien [13] que le plus general de ses dogmes est : que la touche et regle de toutes imaginations solides et de toute verité, c'est la conformité à la doctrine d'Aristote. Que hors de là, ce ne sont que chimeres et inanité; qu'il (Aristote) a tout veu et tout dict. Cette proposition, pour avoir été un peu trop largement et iniquement [14] interpretee, le mit autrefois et tint long temps en grand accessoire [15] à l'inquisition à Rome.

[8] Les principes pédagogiques de Platon.
[9] Rendre, vomir.
[10] Digérer.
[11] Lisières.
[12] « Ils ne se gouvernent jamais eux-mêmes. » (Sénèque, *Epîtres*, XXXIII.)
[13] Il s'agit de Girolamo Borro, d'Arezzo, professeur de philosophie à l'Université de Rome, qui eut des démêlés avec l'Inquisition.
[14] Injustement.
[15] Embarras.

Qu'il (le précepteur) luy (l'enfant) face tout passer par l'estamine [16] et ne loge rien en sa teste par simple autorité et à crédit; les principes d'Aristote ne luy soient principes, non plus que ceux des Stoïciens ou Epicuriens. Qu'on luy propose cette diversité de jugements : il choisira s'il peut, sinon il en demeurera en doubte. Il n'y a que les fols certains et résolus.

« Che non men che saper dubbiar m'aggrada [17].»

*
* *

Pour le moment, nous arrêterons ici notre lecture du texte de Montaigne, nous réservant de la poursuivre lors d'un prochain chapitre.

*
* *

Le début du passage que nous avons résolu d'étudier indique que Montaigne cherche les principes de l'éducation d'un enfant de grande famille [18]. Il établit aussitôt une distinction fondamentale entre l'instruction à des fins professionnelles et utilitaires [19] et la culture que l'on nomme du terme impropre à nos yeux de « désintéressée [20] ». Montaigne précise aussitôt qu'une telle culture « désintéressée » ne ressemble pas, quant à son but, à celle du « courtisan »,

---

[16] Filtre.

[17] « Car non moins que savoir, douter m'est agréable. » (Dante, *La Divine Comédie, L'Enfer,* XI, 93.)

[18] « ... un enfant de maison... ».

[19] « ... non pour le gaing... ».

[20] Se cultiver en vue de son approfondissement intellectuel et spirituel n'est en aucune façon une tâche « désintéressée » dans la mesure où l'effort de l'être humain en vue d'un semblable approfondissement ne peut que se révéler très utile puisqu'il aboutit à un épanouissement de l'homme que les connaissances immédiatement utilitaires ne peuvent lui procurer. En dépit des apparences, la formation humaniste telle que Montaigne la conçoit et la préconise, nous apparaît comme une nécessité vitale pour l'être humain.

c'est-à-dire qu'elle ne vise pas « les commodités externes » (le « bel esprit qui brille dans les salons »), mais la formation intellectuelle et spirituelle de l'homme lui-même « au-dedans ».

L'humanisme de Montaigne n'est donc pas lié aux convenances sociales ou mondaines, il n'a rien d'un conformisme extérieur, il se révèle au contraire comme une tentative pour dépasser les apparences d'une « culture » formaliste mais dénuée de sens, en vue d'atteindre un épanouissement réel de l'être humain.

C'est pourquoi Montaigne oppose l'« habil'homme » à l'« homme sçavant » dans la mesure où il condamne aussi bien une érudition purement livresque et desséchée qu'une « culture » extérieure et conformiste; une science qui se réduirait en quelque sorte à un répertoire ou à une masse de connaissances exactes mais non structurées, ne peut que déplaire à Montaigne car elle se révèle fort peu intéressante, aux yeux de notre philosophe périgourdin dans la mesure où elle fait de l'homme un être incapable de comprendre en profondeur ce qu'il connaît. Dès lors, Montaigne préfère « une teste bien faicte que bien pleine », c'est-à-dire qu'il recherche plutôt l'homme qui, tout à la fois, raisonne juste, fait preuve d'une intuition exacte, agit d'une manière pondérée en même temps qu'efficace [21], en dépit d'une « érudition » limitée [22].

---

[21] Dans le choix d'un précepteur, l'on doit rechercher celui qui possède « plus les meurs et l'entendement que la science... ».

[22] Tout le monde connaît ce bout de phrase de Montaigne « une teste bien faicte que bien pleine »; on la cite à l'envi. Nous voudrions toutefois faire remarquer que notre philosophe ne se contente pas de cet aphorisme; il ajoute aussitôt: « ... et qu'on y requit tous les deux ». Il désire lui aussi, contrairement à ce que pense l'opinion courante, une tête « bien pleine », mais il la veut « bien faite » en même temps, c'est-à-dire capable de réflexion; ce

Montaigne critique ensuite la pédagogie en vogue à son époque; d'une manière imagée selon son habitude, il en résume les méthodes fondamentales : « On ne cesse de criailler à nos oreilles, comme qui verseroit dans un antonnoir et nostre charge ce n'est que redire ce qu'on nous a dict. » Les pédagogues imposent à leurs élèves une masse de connaissances livresques que les étudiants doivent assimiler sans y changer la moindre lettre; leur rôle se réduit à emmagasiner, pourrions-nous dire, en leurs cerveaux un nombre considérable de faits, sans qu'il leur soit permis de les comprendre réellement, encore moins de les juger ou de les critiquer. Ils sont livrés à la règle impérative du « magister dixit » dans ce qu'elle a de servitude rigoureuse.

Montaigne, quant à lui, préconise une méthode toute différente, une méthode qui ne fait point de l'élève un perroquet sans âme; « je voudrais, déclare notre philosophe, que, d'entrée de jeu, et selon la nature de l'esprit que le précepteur doit instruire, celui-ci commençât par l'éprouver, c'est-à-dire s'efforçât de jauger les possibilités de son élève ». Cela fait, le professeur n'imposera d'abord aucune connaissance livresque à son étudiant mais tentera, par une pédagogie appropriée, de l'introduire à une connaissance personnelle de la réalité, une connaissance qui apparaisse vraiment comme le fruit d'une réflexion de l'élève de telle sorte que celui-ci fasse réellement œuvre créatrice lorsqu'il s'instruit.

C'est pourquoi, tout naturellement, Montaigne vient à parler, en en préconisant l'usage, de la méthode socratique; le maître de Platon, précise-t-il, « faisoit premièrement parler (ses) disciples, et puis, il parloit à eux ». Il ne leur imposait rien mais s'efforçait de leur faire découvrir eux-

qu'il condamne, c'est une tête exclusivement « bien pleine ». Celle-ci, d'ailleurs, demeure stérile si elle n'est « bien faite ».

mêmes ce dont ils devaient s'instruire; pour ce faire,
Socrate les débarrassait d'abord de leurs connaissances
erronées; ainsi agit-il, souvenons-nous-en, dans le *Ménon* à
l'égard de l'esclave qui pensait que pour multiplier par deux
la surface d'un carré, il faut en doubler le côté; lui montrant
de visu la surface obtenue par la duplication du côté, Socrate
l'interroge: « Quelle est donc après cela l'étendue de ce nouvel espace ? N'est-il pas quatre fois plus grand ? — Nécessairement. — Une chose quatre fois plus grande qu'une autre
en est-elle donc le double ? — Non, par Zeus. — Qu'est-
elle alors ? — Le quadruple. — Ainsi, en doublant la ligne,
ce n'est pas une surface double que tu obtiens, c'est une
surface quadruple ? — C'est vrai... [23] ». L'esclave se voit
obligé de reconnaître son erreur et le dialogue reprend en
vue de découvrir une solution satisfaisante, Socrate se
contentant toujours d'interroger le serviteur. Celui-ci
aboutit à l'hypothèse qu'il faut augmenter le côté de la
moitié de sa longueur pour former un carré double du
premier; le maître de Platon s'empresse de circonscrire la
surface ainsi obtenue : celle-ci apparaît comme légèrement
supérieure au double de la surface du carré initial : l'hypothèse du serviteur se révèle donc une nouvelle fois fautive;
l'esclave en éprouve un profond embarras : « Par Zeus,
Socrate, s'écrie-t-il, je ne sais plus rien (qui vaille) [24]... ».
Ses deux tentatives, également infructueuses, de résoudre le
problème lui révèle son ignorance : il ne sait plus où il en
est; il n'a plus la moindre idée d'une quelconque solution;
son incertitude réjouit Socrate : « Il croyait connaître la
réponse, déclare notre philosophe, et répondait en homme
qui sait, avec assurance, sans la moindre conscience de la
difficulté. Maintenant, il se rend compte de son embarras

[23] Platon, *Ménon,* 83 BC.
[24] Platon, *Ménon,* 84 A.

et, s'il ne sait pas, du moins ne croit-il pas savoir...
N'est-ce pas là un meilleur état d'esprit quand à la chose
qu'il ignore... ? En le mettant dans l'embarras, nous l'avons
grandement aidé à découvrir où il en est par rapport à la
vérité. Car maintenant, conscient de son ignorance, il aura
plaisir à chercher [25] ». Cela dit, Socrate reprend l'interrogatoire du serviteur et par une suite de questions habiles,
lui fait découvrir que pour doubler la surface d'un carré,
il faut en construire un second en prenant la diagonale du
premier [26].

[25] Platon, *Ménon*, 84 AB. — Cet embarras est bien connu des
interlocuteurs de Socrate; il s'agit d'une méthode chère au maître
de Platon; elle n'est d'ailleurs point toujours facilement admise
de la part de ceux qui en sont les victimes : « Socrate, déclare,
souvenons-nous-en, l'un d'eux, j'avais appris par ouï-dire, avant
même de te rencontrer, que tu ne faisais pas autre chose que
trouver partout des difficultés et en faire trouver d'autres. En ce
moment même, je le vois bien, par je ne sais quelle magie et
quelle drogues, par tes incantations, tu m'as si bien ensorcelé que
j'ai la tête remplie de doutes... » (Platon, *Ménon*, 84 C). Il compare Socrate à une torpille, ce poisson qui engourdit tout ce qui
l'approche et le touche. « Cent fois, ajoute-t-il, j'ai fait des discours
sur la vertu devant des foules et toujours, je crois, je m'en suis fort
bien tiré. Mais aujourd'hui, impossible de dire même ce qu'elle
est... » (Platon, *Ménon*, 80 A). Socrate ressemble à une torpille
parce qu'il dévoile en toute lumière à ses interlocuteurs leur vacuité
fondamentale, parce qu'il les met en face de leur propre ignorance.
La méthode socratique constitue ainsi une véritable katharsis, elle
purifie l'esprit dans la mesure où elle lui révèle ses faiblesses et ses
limites, révélation assurément douloureuse, indispensable toutefois
puisque la bonne conscience, l'absence d'esprit critique et la paresse
intellectuelle interdisent jusqu'à la velléité de mettre en doute ce
que l'on croît connaître de science sûre.

[26] Répétons toutefois que le serviteur, quoiqu'il prenne
conscience de son erreur, ne joue néanmoins qu'un rôle assez
limité dans la dialectique où l'entraîne Socrate. Il se contente le
plus souvent d'approuver les suggestions de son interlocuteur :
ses réparties se révèlent pour le moins laconiques (« oui », « non »,
« en effet », « assurément... »). Plus exactement, ce que Socrate
veut et réalise, c'est solliciter l'intelligence du serviteur et lui

C'est à une semblable méthode — que nous venons d'illustrer par un exemple — que Montaigne fait allusion lorsqu'il nous parle de la pédagogie socratique. Celle-ci reprend toute sa valeur dans la mesure où elle permet à l'élève d'agir d'une manière personnelle lorsqu'il fait œuvre cognitive; cet élève doit, en quelque façon, recréer pour son propre compte ce dont il s'instruit de telle sorte que les connaissances qu'il acquerra ainsi lui deviendront réellement personnelles et auront, à ses yeux, un intérêt plus considérable en même temps qu'une plus grande utilité.

En vue de recueillir le meilleur fruit d'une méthode pédagogique fondée essentiellement sur le travail personnel de l'étudiant, Montaigne recommande comme première tâche au précepteur de jauger les connaissances, l'ouverture d'esprit et les dispositions morales de l'élève car la réussite de l'enseignement est liée à l'adaptation de la méthode pédagogique au niveau de l'étudiant; chaque élève étant différent de ses voisins — aux plans psychologique, intellectuel et des connaissances — il faudra que le professeur se mette en quelque sorte à son niveau pour que l'étudiant puisse retirer le plus grand bénéfice possible de l'action pédagogique : entreprendre d'éduquer plusieurs « esprits de si diverses mesures et formes » selon « une mesme leçon et pareille mesure de conduite » fait qu'on ne rencontre « en tout un peuple d'enfans... à peine deux ou trois qui rapportent quelque juste fruit » de l'enseignement qu'ils subissent.

Certes, il s'agit, pour le professeur, d'une tâche aussi délicate que difficile (« c'est l'une des plus ardues besongnes que je sçache », déclare Montaigne), elle se révèle toutefois

faire découvrir l'exactitude logique aussi bien qu'expérimentale de ce qu'il suggère.

indispensable dans la mesure où le précepteur entend demeurer fidèle à son idéal [27].

Dans le même ordre d'idées, Montaigne condamne une connaissance en quelque sorte extérieure, une connaissance qui se limiterait aux « mots de la leçon » en négligeant « le sens et la substance ». Il ne veut pas d'une science purement mnémique mais il veut que la conduite de l'étudiant soit, si l'on ose dire, une mise en pratique en même temps qu'une preuve des leçons reçues.

Dans cette perspective, il recommande vivement les exercices d'application les plus variés afin de vérifier si l'élève a réellement compris dans leur complexité les diverses parties de sa leçon; il faut, en résumé, que l'étudiant présente cette leçon à sa manière — une manière toute personnelle quoique empreinte de l'objectivité la plus rigoureuse possible [28] — de telle sorte qu'elle apparaisse comme une création de sa part; c'est ce que Montaigne veut illustrer lorsqu'il utilise l'image — très significative dans sa crudité — de l'estomac : c'est une marque d'indigestion que de rendre la viande comme on l'a mangée, déclare-t-il; « l'estomac n'a pas faict son opération, s'il n'a faict changer

---

[27] Socrate lui aussi, répétons-le, au début de ses entretiens, se met au niveau de chacun de ses interlocuteurs; il modifie la manière dont il conduit le dialogue selon le caractère, l'intelligence et la culture de celui à qui il s'adresse; un exemple en est l'interrogatoire de l'esclave dans le *Ménon* dont nous avons cité quelques extraits; comme il s'agit d'un jeune garçon fort peu instruit et incapable de suivre un long raisonnement abstrait, le maître de Platon lui indique *de visu* sur le sol certaines figures aptes à lui faire toucher du doigt, si l'on ose dire, ce qu'il s'efforce de lui faire comprendre en une suite de brèves assertions, les plus simples possible. Socrate se met ainsi à son niveau en vue de le lui faire quitter, idéal de toute pédagogie.

[28] Montaigne sait qu'à vouloir être trop absolu dans ses convictions, l'on risque de tomber dans l'arbitraire du dogmatisme, tel ce Girolamo Borro qu'il rencontra à Pise.

la façon et la forme à ce qu'on luy avait donné à cuire (digérer) ».

Montaigne souligne ensuite que la pensée personnelle se rencontre rarement parmi les hommes : l'autoritarisme de l'enseignement que nous avons subi, affirme-t-il, a grandement réduit sinon tué en nous le goût de l'initiative, la liberté de l'esprit : « nous n'avons plus de franches allures, notre vigueur est éteinte », conclut-il.

C'est pourquoi la pensée personnelle se révèle l'ennemie de tout dogmatisme, de tout préjugé; elle garde suffisamment d'autonomie pour exercer son esprit critique à l'égard de ce qu'on lui propose ou impose, à l'égard de n'importe quelle idée ou coutume, n'importe quelle institution ou société, si justes ou si puissantes que celles-ci puissent lui paraître à première vue. La pensée personnelle doit savoir prendre suffisamment de recul ou d'indépendance vis-à-vis de ce que l'on voudrait lui voir admettre, pour le passer au crible de son esprit critique et pour éviter, ainsi que l'écrit Montaigne, que « les principes d'Aristote ne luy soient principes, non plus que ceux des Stoïciens ou Epicuriens [29] ».

*
* *

La culture personnelle, tel est le premier but que poursuit notre philosophe dans son programme pédagogique : une culture personnelle qui ne doit pas être un simple vernis en vue de briller au milieu des salons, qui ne

[29] Contrairement à ce que l'on pourrait penser, le scepticisme de Montaigne n'est point une dérobade devant les problèmes qui assaillent l'homme; il faut, nous semble-t-il, témoigner d'une haute sagesse, empreinte d'un indéniable courage, pour, « étant revenu de tout » (comme on dit...), continuer à vivre honnêtement et dignement, ainsi que l'a fait Montaigne jusqu'à son dernier souffle.

doit pas non plus se réduire à une érudition pédante et stérile, mais qui doit permettre à l'être humain d'acquérir une vivacité et une ouverture d'esprit capables de lui faire concevoir, comme disait Socrate, de « beaux pensers », c'est-à-dire de le rendre en quelque sorte créateur de lui-même aussi bien sur le plan des idées que sur celui de la morale, non qu'il doive vivre au gré de ses caprices, mais qu'il sache, à tous les niveaux, distinguer la réalité et l'apparence, la vérité et l'illusion même si la première se laisse à peine deviner ou se révèle d'une conquête hérissée d'obstacles [30].

[30] Nous nous proposons, ultérieurement, de montrer les valeurs — positives à nos yeux — et combien actuelles du soi-disant scepticisme de Montaigne.

DE L'EDUCATION
SELON MONTAIGNE (II)

Nous continuerons aujourd'hui notre lecture de quelques passages du chapitre XXVI du Livre I des *Essais* de Montaigne, passages où le maire de Bordeaux nous propose les principes qui, à ses yeux, doivent inspirer tout bon pédagogue [1]...

*
* *

Donnons-lui d'abord la parole :

« Les abeilles pillotent [2] decà-delà les fleurs mais elles en font après le miel, qui est tout leur; ce n'est plus thin ni marjolaine [3] : ainsi les pièces empruntées d'autruy, il (l'élève) les transformera

---

[1] Notre chapitre précédent indique l'édition utilisée.
[2] Pillotent : pillent sans cesse.
[3] D'après M. Rat, « cette comparaison, qui se rencontre déjà chez Sénèque (*Epîtres*, 12) et Horace (*Odes*, IV, ii), est souvent reprise par les écrivains du XVIᵉ siècle » (note nᵒ 415, Tome I, de son édition des *Essais* (Garnier, 1948).

et confondera [4], pour en faire un ouvrage tout sien, à savoir son miel... Le gain de notre estude, c'est en estre devenu meilleur et plus sage... Certes, nous rendons (l'entendement) servile et couard pour ne luy laisser la liberté de rien faire de soy... Sçavoir par cœur n'est pas savoir : c'est tenir ce qu'on a donné en garde à sa mémoire. Ce qu'on sçait droittement, on en dispose sans regarder au patron, sans tourner les yeux vers son livre. Facheuse suffisance, qu'une suffisance pure [5] livresque ! Je m'attens [6] qu'elle serve d'ornement, non de fondement, suivant l'advis de Platon, qui dict la fermeté, la foy, la sincerité estre la philosophie, les autres sciences et qui visent ailleurs, n'estre que fard.

Je voudrois que le Palüel [7] ou Pompée [8], ces beaux danseurs de mon temps, nous apprinsent [9] des caprioles [10] à les voir seulement faire, sans nous bouger de nos places, comme ceux-ci (les mauvais pédagogues) veulent instruire [11] notre entendement sans l'ébransler [12]; ou qu'on nous apprint à manier un cheval, ou une pique, ou un luth, ou la voix, sans nous y exercer, comme ceux icy nous veulent apprendre à bien juger et à bien parler, sans nous exercer ny à parler, ny à juger. Or, à cet apprentissage, tout ce qui se présente à nos yeux sert de livre suffisant : la malice d'un page, la sottise d'un valet, un propos de table, ce sont autant de nouvelles matières (à exercer notre jugement).

A cette cause [13], le commerce des hommes y est merveilleusement [14] propre, et la visite des pays estrangers, non pour en rapporter seulement, à la mode de notre noblesse Françoise, combien

[4] Confondera : mêlera.
[5] Pure : purement.
[6] Attens : souhaite.
[7] Palüel : Ludovico Palvallo, maître à danser de grande réputation; de Milan, il vint à la cour d'Henri III.
[8] Pompée : Pompeo Diobono, un concitoyen de Ludovico Palvallo, aussi célèbre que ce dernier dans l'art de la danse. Il connut un grand succès à la cour de quatre de nos rois : Henri II, François II, Charles IX et Henri III.
[9] Apprinsent : enseignement.
[10] Caprioles : cabrioles, les différents mouvements de la danse.
[11] Instruire : former, éduquer.
[12] Esbranler : l'exercer, le faire travailler.
[13] Cause : dans ce but.
[14] Merveilleusement : tout à fait, entièrement.

de pas à Santa Rotonda [15], ou la richesse des calessa de la Signora Livia [16] ou, comme d'autres, combien le visage de Néron, de quelque vieille ruyne de là, est plus long ou plus large que celuy de quelque pareille médaille, mais pour en rapporter principalement les humeurs de ces nations et leurs façons, et pour frotter et limer notre cervelle contre celle d'autrui [17]. Je voudrois qu'on commençast à le (l'élève) promener dès sa tendre enfance, et, premièrement, pour faire d'une pierre deux coups, par les nations voisines où le langage est plus esloigné du nostre, et auquel, si vous ne la formez de bon'heure, la langue ne peut se plier.

Aussi bien est-ce une opinion receuë d'un chacun, que ce n'est pas raison [18] de nourrir un enfant au giron de ses parents. Cet amour naturelle les attendrist trop et relasche, voire les plus sages. Ils ne sont capables ny de chastier ses fautes, ni de le voir nourry grossièrement [19], comme il faut, et hasardeusement [20]. Ils ne le sçauroient souffrir revenir suant et poudreux de son exercice, boire chaud, boire froid, ny le voir sur un cheval rebours [21], ni contre un rude tireur, le floret [22] au poing, ni la première harquebouse. Car il n'y a remède : qui en veut faire un homme de bien, sans doute il ne le faut épargner en cette jeunesse, et souvent choquer les règles de médecine [23] : « Vitamque sub dio et trepidis

[15] Santa Rotonda : l'ancien Panthéon circulaire d'Agrippa, transformé en église sous le patronage de Sainte-Marie-aux-Martyrs, à Rome.

[16] D'après M. Rat, il s'agit « sans doute (d') une danseuse qui avait des dessous luxueux. On sait que ces " calessons " furent plus tard introduits en France par Mlle du Parc, la Marquise de Corneille. » (note n° 422, p. 419, Tome I, *Essais* de Montaigne, Garnier, Paris, 1948).

[17] Nous reviendrons plus loin sur cette comparaison dont Montaigne emprunte, nous semble-t-il, la structure, en la modifiant quelque peu, à Platon.

[18] Ce n'est pas raison : il n'est pas raisonnable.

[19] Grossièrement : frugalement, à la fortune du pot.

[20] Hasardeusement : au gré des circonstances dues au hasard.

[21] Rebours : rétif (qui a tendance à rebrousser chemin au lieu d'avancer suivant l'impulsion de celui qui le monte).

[22] Floret : fleuret.

[23] Contrairement à ce que l'on pourrait croire à la suite d'une lecture superficielle, Montaigne déclare qu'il faut éviter de choquer

agat / Et rébus » [24]. Ce n'est pas assez de luy roidir l'asme; il luy faut aussi roidir les muscles. Elle (l'âme) est trop pressée [25], si elle n'est secondée, et à trop à faire de seule fournir à deux offices [26]. Je sais combien ahanne [27] la mienne en compagnie d'un corps si tendre, si sensible, qui se laisse si fort aller sur elle... J'ai vu des hommes, des femmes et des enfans ainsi nays [28] qu'une bastonade leur est moins qu'à moy une chiquenaude; qui ne remuent ny langue ni sourcil aux coups qu'on leur donne... Or l'accoutumance à porter [29] le travail est accoutumance à porter la doleur [30]; « labor callum obducit dolori » [31]. Il le (le corps) faut rompre à la peine et aspreté des exercices, pour le dresser à la peine et aspreté de la deslouere [32], de la colique, du cautere [33], et de la geaule [34], et de la torture [35]. »

*
* *

Interrompons ici le texte de Montaigne, nous réservant, *si Deus vult,* de continuer notre lecture du chapitre XXVI des *Essais,* lors d'une étude ultérieure.

les prescriptions médicales : « il ne le faut, en cette jeunesse, choquer les règles de la médecine ».

[24] « Qu'il vive en plein air et au milieu des alarmes » (Horace, *Odes,* III, ii, 5).

[25] Pressée : tourmentée, acculée (à consentir de trop gros efforts).

[26] Fournir à deux offices : remplir deux tâches.

[27] Ahanne : souffre, peine, s'essouffle.

[28] Ainsi nays : ainsi nés, ainsi éduqués.

[29] Porter : supporter.

[30] Doleur : douleur, privation, dureté.

[31] « Le travail forme un cal (une cuirasse, une protection) contre la douleur » (CICERON, *Tusculanes,* II, xv.). Le travail n'empêche évidemment pas la souffrance de nous atteindre mais il nous habitue à mieux l'endurer.

[32] Deslouere : dislocation.

[33] Cautere : cautérisation.

[34] Geaule : geole, prison. Celle-ci, au XVIe siècle, se révélait beaucoup moins confortable que de nos jours, encore qu'actuellement...

[35] La torture, à l'époque de Montaigne, était officiellement admise dans la procédure judiciaire...

De même que les abeilles, ainsi que le déclare Montaigne, butinent les fleurs deci, delà mais transforment en miel « qui est tout leur » ce qu'elles ont récolté, de même, affirme-t-il, l'esprit doit présenter sous une forme qui lui est personnelle ce qu'il apprend d'autrui en vue d'en « faire un ouvrage tout sien, à savoir son jugement ». L'être humain ne peut pas se contenter de reproduire, tel un perroquet, les idées, les impressions et les sentiments de ceux qui ont reçu la charge de l'éduquer. Certes, l'homme doit se mettre à l'école de la tradition humaine et doit respecter, en l'acceptant, l'expérience millénaire de l'humain, cette expérience si riche de leçons nombreuses et diverses, leçons durement, patiemment et parfois fort douloureusement acquises, il n'en reste pas moins que cet homme ne peut demeurer passif et dans la mesure où, lui aussi, prend conscience de son devoir de poursuivre et d'approfondir l'expérience humaine, il se doit de ne recevoir les leçons du passé qu'avec un esprit en éveil, c'est-à-dire capable de réflexion personnelle et d'examen critique. C'est pourquoi, tout en ne cessant point « d'emprunter à autruy » (selon l'expression de Montaigne), il doit, ce faisant, veiller d'abord à se former le jugement de telle sorte que, par l'exercice, son esprit en devienne « meilleur et plus sage »...

En d'autres termes, il s'agit, aux yeux de notre philosophe, de rendre l'intelligence libre et imaginative [36] en évitant qu'elle ne demeure « servile et couarde » dans la

[36] Nos étudiants de mai 1968 ignoraient sans doute qu'ils avaient un illustre précurseur lorsqu'ils affirmaient la nécessité de mettre l'imagination à l'ordre du jour. Mais peut-être ne l'auraient-ils pas reconnu, dans leur fureur iconoclaste ? De son côté, Montaigne les aurait-il admis dans sa descendance spirituelle ? Il est permis d'en douter...

mesure où les pédagogues lui refusent « la liberté de rien faire de soy »...

*
* *

L'indépendance d'esprit est, aux yeux de Montaigne, une qualité fondamentale, une caractéristique indispensable de l'être humain; celui-ci ne peut se satisfaire d'une science purement apprise : « sçavoir par cœur n'est pas sçavoir », il faut qu'il témoigne d'une science active, c'est-à-dire d'une science qu'il recrée en quelque sorte pour son propre compte, d'une science que son activité créatrice fait progresser, une semblable activité se révélant double comme les deux faces d'une médaille : l'avers constitue l'ouverture de l'esprit aux traditions humaines; le revers symbolise la réaction de cet esprit — réaction critique, d'une part, constructive, d'autre part, en vue d'un dépassement (mais non d'une négation radicale) du passé.

Montaigne insiste sur l'union indissoluble de ces deux aspects : « Ce qu'on sçait droittement, écrit-il, on en dispose sans regarder au patron (c'est-à-dire au modèle ou au maître), sans tourner les yeux vers son livre. » Il unit de la sorte le recours à la tradition — dans la mesure où il souligne la nécessité du modèle et du maître [37] — et l'autonomie créatrice de l'esprit, pour autant que celui-ci

---

[37] Il est de bon ton, aujourd'hui, de répudier le nom et la qualité de « maître » comme s'il s'agissait d'une flétrissure... Certes, nous savons aussi bien que quiconque ce que l'autocratie de certains « magistri » peut avoir d'aliénant pour ceux qui en supportent le joug; mais nous estimons que ces « maîtres » insupportables trahissent l'idéal de leur vocation... A nos yeux, en effet, le maître, digne de ce nom, est celui qui, comme Socrate, « accouche l'esprit de ceux qui lui sont confiés » et les aide, par ses conseils mais avant tout par son exemple. à « s'humaniser » eux-mêmes toujours davantage...

puisse agir « sans regarder au patron », ayant maîtrisé, d'une part, la matière des leçons reçues, ayant acquis, d'autre part, une maturité suffisante qui lui permet de voler de ses propres ailes, libre de toute sujétion au passé, libre de reconnaître aussi bien les mérites que les défauts de celui-ci, attitude dont on peut dire, en définitive, qu'elle apparaît comme réellement humaine dans la mesure où elle est le signe d'un profond équilibre.

Lorsque Montaigne trouve « fâcheuse » une « suffisance pure(ment) livresque », il condamne certes, ainsi que nous l'avons vu précédemment, une érudition oiseuse, bavarde et vaine, une érudition qui ne peut servir que « d'ornement mais non de fondement », il élargit toutefois, nous semble-t-il, cette réprobation à une science strictement théorique, une science dépourvue de tout support concret, de toute résonance morale.

En d'autres termes, lorsqu'il emploie ce vocable, notre philosophie n'entend pas le réduire à une connaissance si vaste fût-elle, à une activité de l'esprit si féconde qu'elle pût être; il veut approfondir la signification traditionnelle de la science dans la mesure où elle constitue, à ses yeux, une formation complète de la créature humaine, qui englobe aussi bien la culture de son esprit que la rectitude de ses mœurs; en un mot, Montaigne n'entend pas limiter la science à une formation strictement intellectuelle de l'homme, il veut l'élargir d'une telle manière qu'elle embrasse l'éducation de l'être humain dans ses aspects les plus divers, insistant en particulier sur « la fermeté, la foy, la sincérité » qui lui apparaissent comme les vertus cardinales de l'homme digne de ce nom.

*
* *

Montaigne critique ensuite, d'un ton plein d'ironie, les pédagogues qui entreprennent de nous former l'esprit sans prendre la peine de l'exercer; ces professeurs, écrit-il, appliquent une méthode inepte, semblable à celle qui voudrait nous enseigner à danser « sans nous bouger de nos places » ou « à manier un cheval, ou une pique, ou un luth, ou la voix, sans nous y exercer. »

Montaigne s'est rendu compte d'une évidence, une évidence qui aveugle, pourrions-nous dire, un grand nombre de pédagogues : il nous est impossible de nous former l'esprit si nous ne disposons point de multiples occasions de le faire travailler, s'il nous est interdit d'en user, autant que cela se révèle nécessaire, dans les circonstances les plus diverses de la vie quotidienne : « la malice d'un page, la sottise d'un valet, un propos de table... ». Tout peut servir à aiguiser le jugement, à élargir l'horizon, à enrichir l'expérience, des détails les plus insignifiants en apparence aux événements les plus graves et les plus fondamentaux; et c'est pourquoi, après avoir souligné l'importance que peut revêtir, en cette matière, l'incident le plus infime, pourvu qu'il soit bien observé, Montaigne recommande que le petit homme s'évade, dès ses premières années, du milieu étroitement familial et régional qui l'a vu naître, pour entreprendre la visite de « pays étrangers », pour nouer de multiples contacts avec ceux dont les coutumes, les pensées, les croyances diffèrent des siennes, pour rencontrer et fréquenter ceux dont la tournure d'esprit, les goûts et le style de vie s'opposent aux siens, pour confronter son expérience à celle — parfois si éloignée — d'autrui, pour prendre conscience de la relativité de ce qu'il pense, de ce qu'il croit, de ce qu'il juge, pour acquérir une vision précise des limites de sa formation morale et culturelle, pour découvrir enfin la nécessité d'une profonde humilité intel-

lectuelle susceptible de lui faire admettre ses propres faiblesses, de se montrer indulgent à l'égard des lacunes
d'autrui, de ne jamais tomber dans le piège de l'optimisme
ou du pessimisme excessif mais de savoir, en toutes matières
et dans toutes les circonstances, raison garder...

Montaigne approuve ainsi la sagesse des nations lorsqu'elle déclare que « les voyages forment la jeunesse ».
Mais il s'élève, avec une certaine véhémence, contre une
curiosité stérile et pédantesque qui ne s'intéresse qu'au
détail dépourvu de signification (« combien de pas à San
Rotonda ») ou teinté de frivolité (« la richesse des calessa
de la Signora Livia... ») mais néglige d'entrer en relations
intimes et profondes avec les coutumes, les croyances,
« les humeurs de ces nations ». Il condamne une curiosité
centrée sur une érudition, ridicule à force d'être minutieuse
(« ... combien le visage de Néron, de quelque vieille ruyne
de là, est plus long ou plus large que celuy de quelque
pareille médaille »), une curiosité qui ne s'attache qu'à
l'apparence ou à ce qui paraît extraordinaire mais demeure
aveugle quant aux réalités fondamentales des pays visités,
une curiosité qui remarque par exemple (pour s'en amuser
souvent...) l'exubérance verbale et gestuelle du peuple
italien mais ne s'interroge point sur ce qu'une telle vivacité
peut vouloir signifier, une curiosité, en un mot, inutile dans
la mesure où, loin de rapprocher le visiteur et son hôte, elle
incite le premier à ne voir que l'apparence du second de
telle sorte qu'aucun contact, au niveau des consciences,
n'est établi.

Au contraire, notre philosophe nous incite, lors de nos
voyages, « à frotter et limer notre cervelle contre celle
d'autruy »... [38], c'est-à-dire à entreprendre une étude en

---

[38] Montaigne reprend, nous semble-t-il, en la modifiant quelque peu, une comparaison que Platon utilise dans sa *Septième*

profondeur du peuple visité, une étude qui embrasse ses aspects les plus divers comme les plus variés, ceux qui relèvent aussi bien de la vie économique, politique et intellectuelle que de la vie quotidienne dans ses réalités les plus concrètes et les plus matérielles.

Toutes les caractéristiques d'un peuple étranger — des plus infimes, en apparence, aux plus fondamentales — acquièrent, dans la perspective d'une semblable étude, une importance considérable; toutes contribuent, pour un observateur aussi scrupuleux qu'attentif, à esquisser le portrait — physique, intellectuel et moral — du peuple visité; toutes se révèlent susceptibles de fournir au visiteur non seulement une somme considérable d'informations mais encore la matière et le sujet de réflexions critiques — réflexions qui ne peuvent certes aboutir à une quelconque condamnation de tel ou tel aspect du peuple étranger mais qui doivent inciter le visiteur à mettre en cause ses propres modes de penser, d'agir et de sentir en vue d'en découvrir les faiblesses aussi bien que les lacunes, réflexions critiques qui doivent l'engager en outre dans une compréhension approfondie de « l'humeur des nations étrangères » dans la mesure où il confrontera cette « humeur » à celle

Lettre (que la plupart des commentateurs considèrent comme authentique et qui est, au moins, d'inspiration platonicienne). Le disciple de Socrate écrit en effet : « Ce n'est que lorsqu'on a laborieusement frotté les uns contre les autres, noms, définitions, perceptions de la vue et des autres sens, lorsqu'on a discuté en des entretiens bienveillants où l'envie ne dicte ni les questions, ni les réponses, que sur l'objet étudié vient luire la lumière de la sagesse et de l'intelligence, avec toute l'intensité que peuvent supporter les forces humaines. » (344 B). Lorsqu'il parle de « frotter et de limer... », Montaigne remplace les concepts et les perceptions par les esprits; c'est par l'échange et le dialogue, même lorsque ceux-ci se révèlent pénibles et malaisés, que chaque homme acquiert une souplesse d'intelligence et une ouverture de cœur adéquates.

de son pays natal, en vue, cette fois, d'estimer les avantages, les richesses, les inconvénients et les défauts des modes de penser, d'agir et de sentir du peuple visité.

Cette double mise en cause aidera le jeune esprit à tendre vers une lucidité intellectuelle et morale qui lui permettra d'acquérir une objectivité susceptible de lui rendre plus aisée la poursuite de son dialogue avec les membres du peuple dont il est l'hôte. Un tel dialogue se révèlera d'autant plus fécond, en dépit des apparences, qu'il n'esquivera point les oppositions, les contradictions et les heurts — obstacles inévitables lorsque deux cultures, si proches fussent-elles, se rencontrent... — mais qu'il les acceptera en toute clarté dans le but sinon de les réduire ou de les supprimer totalement, du moins d'en prendre une vue précise.

C'est à ce prix que l'être humain se formera en témoignant de l'objectivité, de l'humilité et de la subtilité intellectuelle indispensables de même que de l'ouverture de cœur et d'esprit non moins nécessaire à la compréhension d'autrui et à son propre épanouissement spirituel.

*
* *

Dans la perspective de l'utilité pédagogique des voyages « extra muros », Montaigne déclare que « ce n'est pas raison de nourrir un enfant au giron de ses parents » car leur affection quasi instinctive pour lui « les attendrist trop et relasche voire les plus sages. » Non seulement, sur le plan de la moralité, ils témoignent trop volontiers d'une indulgence excessive, mais encore, dans le domaine physique, ils succombent à la tentation de le préserver d'une manière exagérée : « ils ne sont capables ny de chastier ses fautes, ni de le voir nourry grossièrement, comme il faut, et hazardeusement... »

Sans doute Montaigne n'a-t-il pas tort d'insister sur l'influence nocive d'une tendresse parentale volontiers abusive, il nous semble toutefois qu'il dépasse quelque peu la mesure lorsqu'il conseille d'élever les enfants à l'écart de ceux qui les ont mis au monde. Les découvertes de la psychologie moderne (en dépit d'une interprétation parfois très contestable que certains en donnent) nous ont appris que la cellule familiale constitue le milieu le plus favorable à l'épanouissement physique et psychologique de l'enfant; qui plus est, *a contrario* pourrions-nous dire, l'absence d'un tel milieu ou, du moins, les lacunes de celui-ci perturbent d'une manière parfois très considérable le développement psychique et physiologique du jeune être humain. Nous ne pouvons dès lors approuver Montaigne lorsqu'il préconise une éducation exclusivement en dehors du milieu familial [39].

Nous croyons qu'en ce domaine le maire de Bordeaux s'est laissé tant soit peu influencer par une certaine tradition qui régnait, à cette époque, dans la classe sociale à laquelle Montaigne appartenait : parents et enfants avaient relativement peu de contacts : les premiers confiaient, en règle générale, les seconds aux soins des précepteurs et des gouvernantes et ne s'en occupaient que d'une façon relativement lointaine; qui plus est, un nombre considérable de ces enfants vivaient volontiers au milieu de la valetaille ou, comme Montaigne, parmi les petits paysans dont ils partageaient les jeux.

---

[39] Sur ce sujet, nous nous permettons de renvoyer nos lecteurs à notre livre *L'univers symbolique de l'enfant arriéré mental*, Ed. Dessart et Mardaga, 1975.

Une telle séparation entre parents et enfants, entrée dans les mœurs à l'époque où écrivait Montaigne, lui paraissait tout à fait normale et souhaitable : un semblable état d'esprit explique pourquoi sans doute il accepte « sinon sans regret, du moins sans fâcherie » la mort de « deux ou trois » enfants en nourrice (son indifférence se marque à ce point qu'il se révèle incapable d'en dire le nombre exact...); de même, il avoue sans fard qu'il « ne les (ses héritiers) a pas souffert volontiers nourris près de (lui) » [40].

Cet aveu s'éclaire lorsque nous le rapprochons d'un autre texte de notre philosophie qui résume, à nos yeux, un aspect essentiel de sa pensée : « Il faut avoir femme, enfants, biens et surtout la santé, qui peut; mais non pas s'y attacher de manière que notre heur (bonheur) en dépende; il se faut réserver une arrière-boutique toute nôtre, toute franche [41] en laquelle nous établissons notre vraie liberté et principale retraite et solitude. » [42] Montaigne se montre particulièrement jaloux de son indépendance : les relations sociales, même celles qui touchent l'homme de plus près : son conjoint, ses enfants, revêtent certes aux yeux de notre philosophe une importance indéniable qui cède le pas néanmoins au souci de Montaigne de sauvegarder non seulement son autonomie à tous les points-de-vue (matériel, affectif, intellectuel, moral...) mais encore le secret de son intimité personnelle, intimité qui ne laisse aucune place aux relations et aux sentiments inter-individuels les plus forts, ceux de la famille; celle-ci n'a d'importance qu'en tant qu'elle permet la pérennité du nom, du patrimoine et du rôle social; ainsi que l'écrit Georges Snyders qui analyse le texte que nous venons de citer : pour Montaigne, « l'amour

[40] Montaigne, *Essais,* II, viii.
[41] Franche : libre de toute entrave...
[42] Montaigne, *Essais,* I, xxxix.

paternel n'est plus qu'une petite chose, à la surface de nous-mêmes. » [43]

*
* *

Dans la dernière partie du passage que nous avons choisi d'étudier, notre philosophe insiste, tout comme Rabelais, sur l'utilité de la culture physique. « Ce n'est pas assez de roidir l'asme (de l'enfant), il luy faut aussi roidir les muscles », c'est-à-dire épanouir ses potentialités physiques, développer sa force musculaire, affirmer sa résistance au froid, au chaud, à la douleur, le « faire vivre en plein air et au milieu des alarmes » ainsi que le déclare Horace.

Il faut toutefois remarquer que Montaigne préconise la culture physique non point tellement dans le but exclusif de développer nos virtualités strictement corporelles mais afin qu'elles aident l'homme à sauvegarder en quelque sorte sa dignité humaine : « Il faut rompre (exercer) le corps à la peine et aspreté des exercices, pour le dresser (former) à la peine et aspreté de la deslouere, de la colique, du cautere, et de la geaule, et de la torture... »

Il importe d'affirmer le corps contre tous ces maux, qu'ils soient dûs à la maladie (colique, cautere) ou à la cruauté humaine (geaule, torture) afin de n'être pas privé de ce qui apparaît aux yeux de Montaigne comme le propre de l'homme : la conscience de sa liberté intérieure, le courage de supporter les épreuves les plus douloureuses sans s'effondrer, même quand tout semble perdu.

Notre philosophe admire la constance « des hommes, des femmes et des enfants ainsi éduqués qu'une bastonnade leur est moins qu'à lui une chiquenaude; qui ne remuent

[43] Snyders G., *La Pédagogie en France aux XVIIe et XVIIIe siècles,* Paris, 1965, p. 189.

ny langue, ni sourcil aux coups qu'on leur donne... »
A une époque où la violence courait les rues, en un temps
où les conflits civils dégénéraient en batailles rangées
(sommes-nous, au XXᵉ siècle, plus raisonnables ?...), il
convenait d'offrir aux coups du sort une résistance physique comparable à celle de l'esprit.

*
* *

Autonomie intellectuelle, courage corporel, tels sont les
deux buts que Montaigne assigne à l'éducation dans le
passage qui nous occupe.

Ces deux objectifs, dans la mesure où ils sont atteints,
constituent aux yeux de notre philosophe les bases de
l'humanisme tel qu'il le conçoit.

Ils apparaissent dès lors comme deux thèmes essentiels
de la pensée de Montaigne.

LA METAPHYSIQUE
DE L'AME HUMAINE
DANS LE « PHEDRE » DE PLATON

Les Idées, telles que Platon les conçoit, constituent un ensemble d'entités « qui ont une forme immuable, qui ne naissent ni ne périssent, qui n'admettent en elles-mêmes aucun élément étranger, qui ne se transforment jamais en autre chose, qui ne sont perceptibles ni par la vue, ni par un autre sens, qui se donnent à l'intellect seul... ». (*Timée*, 52 A.)

L'Idée constitue « cette essence éternelle, inaccessible aux vicissitudes que produisent la génération et la corruption ». (*République*, 485 B). Elle n'est point liée à la contingence et à la relativité des réalités sensibles, mais elle dispose d'une autonomie spatio-temporelle de telle sorte qu'elle demeure toujours vraie et fidèle à elle-même dans la mesure où elle s'identifie à ce qui est divin, immortel et intelligible, dans la mesure où elle est ce dont la forme est une, indissoluble et révélant toujours de la même manière son identité à soi-même. (*Phédon*, 80 B).

Plusieurs dialogues platoniciens présentent le statut ontologique de l'âme humaine comme semblable à celui du monde idéal que nous venons de rappeler brièvement : « ... ce qui est divin, immortel, intelligible, ce dont la forme est une, ce qui est indissoluble et possède toujours son identité, voilà ce à quoi l'âme ressemble le plus... ». (*Phédon*, 80 A). Cette âme, entité invisible, « s'en va ailleurs, vers un lieu qui lui est assorti, lieu noble, lieu pur, lieu invisible, vers le pays d'Hadès, pour l'appeler par son nom véritable, près du Dieu bon et sage ». (*Phédon*, 80 D.) C'est toujours auprès de l'Etre que « l'âme veut prendre la place à laquelle lui donne droit toute réalisation de son existence ». (*Phédon*, 79 B.) Car il faut considérer « quels objets l'âme atteint, quel commerce elle recherche en vertu de sa parenté avec ce qui est divin, immortel et éternel ». (*République*, 479 B.) Dès qu'elle touche à l'Etre, cette âme s'arrête « d'errer et au voisinage des objets dont il s'agit (les Idées), elle conserve, elle aussi, toujours, son identité et sa façon d'être (et cela) parce qu'elle est en contact avec des choses qui possèdent de tels caractères ». (*Phédon*, 79 D.) L'âme acquiert la stabilité, l'identité et l'intelligence de l'Etre parce qu'une profonde affinité ontologique l'unit à cet Etre [1].

Dans cette perspective, de même que l'univers des Idées transcende et régit souverainement le monde sensible, de même l'âme possède « commandement et maîtrise vis-à-vis du corps, elle le dirige et le gouverne; en conséquence, il importe qu'elle participe au divin, sans quoi son rôle ne pourrait s'expliquer ». (*Phédon*, 80 A.) C'est en « regardant

[1] Nous avons étudié l'affinité ontologique de l'âme et de l'Idée dans notre article, déjà cité, *Le thème de la Réminiscence dans les « Dialogues » de Platon,* dans *Les Etudes classiques,* XXXIII, n° 3, 1965, p. 225-252, et n° 4, 1965, p. 377-400. Nous nous permettons d'y renvoyer nos lecteurs.

et en contemplant des objets ordonnés et immuables qui ne se nuisent pas mutuellement, mais qui, au contraire, se trouvent sous la loi de l'ordre et de la raison que (l'âme humaine) les imite et se rend autant que possible, semblable à eux » (*République*, 500 C.)

Ces nombreux textes nous incitent à penser qu'une même nature ontologique unit l'âme et le monde idéal; cette nature permet la naissance, entre eux, de relations fécondes grâce auxquelles l'esprit s'ouvre à la science et se révèle capable d'intellection. Il en résulte qu'aucune hétérogénéité ontologique n'existe entre l'âme et le monde idéal; ils appartiennent l'un et l'autre, si nous osons dire, à la même race et obéissent aux mêmes lois de rationalité et de perfection essentielle.

Il serait toutefois très inexact d'identifier l'âme et l'Idée, l'âme et le divin, d'une manière trop absolue. Si l'esprit et la réalité idéale ont un statut ontologique commun, nous ne pouvons cependant en conclure que l'âme humaine soit, à proprement parler, une Idée ou une entité divine; Platon, dans la *République*, souligne que l'âme, lorsqu'elle contemple le monde idéal, tend certes à se rendre semblable à celui-ci mais qu'un tel effort demeure subordonné à sa nature; cette restriction indique sans la moindre ambiguïté qu'aux yeux de Platon, une différence ontologique existe entre l'âme et l'Idée : « le philosophe, déclare-t-il, devient ordonné et divin, autant que le comporte la nature humaine ». (500 D.)

La conception métaphysique de l'âme humaine telle que le disciple de Socrate l'expose dans le *Phèdre*, nous fournira une preuve supplémentaire de la distinction ontologique existant entre l'entité spirituelle de l'homme et le monde divin.

Platon nous déclare d'abord que les capacités intellectuelles humaines se révèlent trop limitées et trop imparfaites pour permettre à l'esprit d'élaborer une conception rationnellement fondée de la nature de l'âme : « La caractériser, déclare-t-il, c'est l'affaire d'un exposé entièrement et absolument divin, d'une grande étendue » (246 A.) L'homme ne peut espérer mener cet exposé à bonne fin. Il faut qu'il adopte une autre méthode, plus humble en quelque sorte et en proportion avec les capacités humaines; cette méthode consiste dans l'usage de l'allégorie ou du mythe grâce auquel l'esprit élabore une image, une illustration de ce qu'il est incapable d'exposer d'une manière rationnellement fondée; le recours au mythe apparaît certes comme assez peu satisfaisant quant à la rigueur démonstrative de ce qu'il illustre ou symbolise; il importe toutefois de ne point le dédaigner en certaines matières particulièrement délicates [2]. Dès lors, il ne semble pas inutile de définir la

---

[2] Dans le *Gorgias,* au moment où Socrate et ses interlocuteurs discutent du jugement des morts, le maître de Platon affirme qu'il croit au mythe des Enfers : « Tu considères peut-être, Calliclès, ces perspectives (récompense des bons, punition des méchants après la mort) comme des contes de bonne femme qui ne méritent que ton mépris; et peut-être en effet aurions-nous le droit de les mépriser si nos recherches nous avaient fait trouver quelque conclusion meilleure et plus certaine. Mais tu peux voir qu'à vous trois, qui êtes les plus savants des Grecs d'aujourd'hui, Gorgias, Polos et toi-même, vous êtes hors d'état de démontrer qu'aucun genre de vie soit préférable à celui-là qui en outre a l'avantage évident de nous être utile chez les morts. Loin de là, nos discussions interminables, après avoir renversé toutes les théories, laissent intacte uniquement celle-ci : qu'il faut éviter avec plus de soin de commettre l'injustice que de la subir et que chacun doit s'appliquer par dessus tout à être bon plutôt qu'à le paraître... » (527 AB.) Puisque les meilleures têtes de la Grèce n'ont pu découvrir une solution, rationnellement exprimable, supérieure à celle du mythe, puisqu'ils n'ont pu déceler en cette légende quelque aspect totalement invraisemblable ou inintelligible, Socrate estime qu'il peut lui faire confiance (*Gorgias,* 526 D) et vivre en respectant les leçons de ce mythe (*Gorgias,* 526 DE).

nature de l'âme humaine — sujet assurément très difficile — par le biais du mythe, « affaire d'un exposé humain et de moindres proportions ». (*Phèdre*, 246 A.)

Imaginons, déclare Socrate, « je ne sais quelle force active naturelle, qui unit un attelage et un cocher, soutenus par des ailes... En ce qui nous concerne, c'est, premièrement, d'un attelage apparié que le conducteur est cocher; ensuite, des deux chevaux, l'attelage en a un qui est beau, bon et formé de semblables éléments, tandis que la composition de l'autre est contraire, et contraire sa nature. Il s'ensuit que, dans notre cas, c'est nécessairement un métier difficile et ingrat que celui de cocher ». (246 AB.) Cette difficulté s'explique dans la mesure où la rétivité et le mauvais caractère de l'un des deux chevaux contrarient profondément la bonne marche de l'attelage en rompant l'harmonie qui devrait exister entre les deux coursiers. Quand l'un tire à hue, l'autre pousse à dia, leur mésentente les empêche de progresser.

La mission de cet attelage ailé (qui, souvenons-nous-en, symbolise l'âme humaine) est de prendre son élan en vue de contempler les réalités idéales.

Celles-ci se situent au-delà de la voûte céleste, en un lieu « que nul poète parmi ceux d'ici-bas n'a encore honoré d'un hymne et jamais ne le fera » car aucune poésie ne se révèlera proportionnée à la beauté du monde idéal ». (*Phèdre*, 247 C.)

Socrate précise alors que « la montée (de l'attelage humain) se fait à grand peine : celui des chevaux en effet chez qui il y a de la rétivité appuie pesamment; il tire son

---

Rappelons que nous avons étudié la signification platonicienne du mythe dans notre article *Réminiscence et mythe platoniciens*, dans *Les Etudes classiques*, XXXVII, 1969, I, p. 19-43. Nos lecteurs, que ce problème intéresse, voudront bien s'y reporter.

cocher vers la terre, alourdissant la main de celui qui n'aura pas eu l'art de le dresser. C'est là que l'âme est en face de l'épreuve et de la joute suprêmes... Entraînée dans la révolution circulaire, elle est à grand peine capable, à cause de l'embarras que ses chevaux lui occasionnent, de porter les yeux sur les réalités (idéales). Tantôt, elle lève, tantôt elle enfonce la tête et, ne maîtrisant pas ses chevaux, elle voit certaines entités (idéales) mais non les autres ». (248 B - 248 A.)

Trop occupée à tenter de rétablir la discipline de ses coursiers, l'âme humaine ne peut guère quitter son attelage des yeux et ce n'est donc que par intermittence qu'il lui est permis de lever le regard vers les réalités idéales. Elle n'en acquiert dès lors qu'une vision hâtive et tronquée, incapable de lui donner une connaissance aussi rigoureuse qu'approfondie du monde des Idées. La science que l'âme en retire apparaît en conséquence comme gravement incomplète dans la mesure où elle se révèle aussi incertaine qu'approximative.

Qui plus est, comme chaque attelage aspire à contempler les réalités idéales, une bousculade se produit de telle sorte « qu'ils sombrent dans le remous qui les entraîne, se piétinant et se bousculant entre eux, chacun s'efforçant de se placer en avant d'un autre. C'est donc le tumulte, la lutte, les sueurs, tout cela à son comble, et, comme de juste, l'occasion pour beaucoup d'âmes, du fait de l'impéritie des cochers, d'être estropiées; pour beaucoup d'entre elles, d'avoir beaucoup de leur plumage froissé. Toutes enfin, accablées de fatigue, s'éloignent sans avoir été initiées à la contemplation de la réalité idéale ». (248 AB.)

La situation de l'âme humaine apparaît donc comme fort dramatique (à cause de la mésentente de ses chevaux, le cocher ne peut contempler les Idées à loisir; il ne répond pas ainsi à sa vocation fondamentale et subit ensuite les conséquences funestes de son impéritie. Socrate précise en effet que « toute âme qui a eu la vision des réalités véritables, est jusqu'à la révolution (le voyage) suivante exempte d'épreuve et, si toujours elle est capable de réaliser cette condition, toujours elle est exempte de dommages; quand au contraire, faute d'avoir été capable (d'avoir une vision satisfaisante des Idées), quand par l'effet de quelque disgrâce, comblée d'oubli et de perversion, elle s'est alourdie; que, s'étant alourdie, elle a perdu enfin son plumage et gît sur la terre », elle s'incarne alors en un corps d'homme selon une hiérarchie sociale proportionnée au degré de vision qu'elle a obtenu des Idées. (248 C.)

L'incarnation de l'âme humaine apparaît ainsi comme un châtiment de son impéritie au moment où elle était appelée à contempler le monde idéal : c'est parce qu'elle s'est montrée incapable à cette époque d'acquérir une connaissance complète des Idées qu'elle devient, à la suite d'échecs successifs, impuissante à tenter un nouvel effort en vue d'avoir encore l'occasion de contempler le monde idéal; c'est alors que, paralysée, elle se voit dans l'obligation de s'incarner.

L'âme, qui a obtenu une vision la moins imparfaite des Idées, devient un homme « ami du savoir ou de la beauté »; celle classée en second dans le degré de connaissance des réalités suprêmes s'incarne en un roi « docile à la loi » ou en un général habile; l'âme classée troisième anime un politicien, un intendant ou un financier, la quatrième se voit offrir un gymnaste ou un médecin, la cinquième devient un devin, la sixième se matérialise dans un poète ou un artiste, à la septième convient l'artisan ou le cultivateur, à la huitième, le démagogue, à la neuvième et dernière, le dictateur. (248 DE.)

Chaque âme, au terme de son existence terrestre, passe alors en jugement : si elle a mal vécu, elle se voit condamnée à séjourner sous terre afin d'y purger sa peine; au contraire, lorsqu'elle a connu une incarnation sans reproche, elle monte au ciel et y goûte la récompense que ses mérites lui ont obtenue. Mille ans s'étant écoulés, chaque âme se voit dans l'obligation de s'incarner à nouveau. La liberté lui est laissée de choisir une existence d'homme ou de bête. Cette seconde incarnation s'achève, elle aussi, par un jugement et le processus déjà décrit se poursuit jusqu'à ce que, dix mille ans étant révolus de même que dix matérialisations corporelles de l'âme ayant eu lieu, cette âme reçoit derechef une paire d'ailes en vue de s'élever à nouveau jusqu'au sommet de la voûte céleste pour tenter d'acquérir une vision du monde idéal. Seule, l'âme qui, trois fois de suite, s'est incarnée en un homme épris de sagesse, bénéficie du privilège d'être pourvue d'un attelage ailé après trois mille ans et non au terme des millénaires qui constitue la règle générale. (248 E - 249 B.)

Notons encore que l'âme, au cours de son incarnation, lorsqu'elle aperçoit dans un objet terrestre le reflet des réalités idéales, « se met hors d'elle-même et ne se possède plus » si elle a bénéficié jadis d'une vision assez satisfaisante des Idées; en ébullition et toute palpitante, elle éprouve une démangeaison, un agacement semblables à ceux qu'éprouve le bébé lorsqu'il fait ses dents », mais, pour elle, cette démangeaison et cet agacement constituent le signe que ses ailes recommencent à croître... Elle ne sait cependant ce qu'elle éprouve, faute de s'analyser comme il faut... [3] (250 AB - 251 B.C)

---

[3] Les réalités idéales se reflètent d'une certaine manière dans les objets de l'univers sensible : ainsi que Socrate le déclare dans le *Phédon*, « le Beau est ce qui rend belles toutes les belles choses »

Ainsi donc, l'âme humaine, dans l'hypothèse où elle a obtenu une vision relativement satisfaisante des Idées lorsqu'elle ne s'était pas encore incarnée, se rend capable de découvrir ici-bas quelques reflets du monde idéal dans les réalités sensibles qui l'entourent; une telle découverte l'émeut profondément, elle se sent irrésistiblement attirée par l'objet où elle a perçu le reflet des Idées, elle ne veut plus le quitter et souffre beaucoup de son absence, elle ne comprend cependant pas le motif exact de son émotion et risque de se fourvoyer dans la mesure où elle ignore la source profonde de ce qui l'attire [4].

Ayant résumé le mythe de l'âme humaine tel que

(100 D), de même « ce qui est plus grand n'est en aucun cas plus grand par autre chose qu'une Grandeur, c'est-à-dire que ce qui fait qu'il soit plus grand, c'est la Grandeur. » (100 D.) Si la Beauté et la Grandeur idéales n'existaient pas, les objets sensibles ne pourraient être beaux ou grands. Il ne faut toutefois point oublier, ainsi que nous aurons l'occasion de le signaler plus loin, que l'Idée demeure radicalement transcendante par rapport à l'univers sensible et qu'en un certain sens, une barrière fondamentale la sépare du monde matériel dans la mesure où elle échappe au changement, à la naissance, à la mort, à la corruption, caractères des objets sensibles (*Timée*, 52 A). La conciliation de l'immanence et de la transcendance de l'Idée constitue l'un des problèmes les plus ardus de la philosophie platonicienne; pour notre part, nous l'avons abordé dans notre article *Le thème platonicien de la Réminiscence*, déjà cité, et dans notre chapitre *Une métaphysique de la relation*, de même que dans notre étude *L'Idéalisme platonicien*, in *Revue philosophique*, 1970, janvier-mars, p. 25-65; auxquels nous nous permettons de renvoyer nos lecteurs.

[4] Toutes les réalités idéales ne se reflètent pas de la même manière et au même degré dans les objets de l'univers sensible; c'est ainsi que « Justice, Sagesse, tout ce qu'il y a de précieux encore pour les âmes, ne possèdent aucune luminosité dans les images de ce monde-ci : à grand'peine, au contraire, de troubles instruments permettent-ils, et même à un petit nombre de gens, de recourir aux représentations de ces objets (idéaux) pour contempler en elles les traits de famille que ces représentations ont gardés... Seule, la Beauté a obtenu ce lot de pouvoir être (ici-bas)

Socrate l'expose dans le *Phèdre*, tentons d'en déceler la signification philosophique, au moins en ses grandes lignes.

Le maître de Platon déclare que les réalités idéales se situent au-delà de la voûte céleste; cette précision qu'il ne faut évidemment point prendre au pied de la lettre symbolise, nous semble-t-il, aux yeux de Platon la transcendance foncière du monde des Idées par rapport à l'univers sensible : les réalités idéales ont une essence radicalement distincte de celle des objets terrestres; les caractéristiques de cette essence s'opposent d'une manière absolue à celle du monde matériel : l'immuabilité à la versalité, l'immortalité à la mortalité, l'identité à la disparité, la spiritualité à la matérialité, l'intelligibilité à l'inintelligibilité... (*Timée*, 52 A.)

Cette transcendance du monde idéal par rapport à la réalité sensible constitue l'un des points essentiels de la philosophie de Platon, même si le disciple de Socrate, au

ce qui est le plus en évidence et ce dont le charme est le plus aimable. » (*Phèdre*, 250 D.) Lorsqu'une âme a, jadis, contemplé d'une manière relativement satisfaisante la Beauté, au moment où ici-bas elle découvre un visage ou un corps où se reflète l'Idée du Beau, cette âme « le vénère à l'égal d'un dieu », elle entre en transes et « il n'y a plus personne dont elle fasse plus de cas que du bel objet ». Elle l'aime d'autant plus qu'elle reconnaît en lui, sans qu'elle en prenne d'abord conscience, le reflet de la Beauté idéale. (251-252 AB.) Toutefois, cette absence de lucidité peut la fourvoyer de telle sorte qu'elle agit désormais comme l'âme qui n'a pas obtenu jadis une vision suffisante des Idées. Dès lors, « s'abandonnant au plaisir, elle agit en bête à quatre pattes, elle se met en devoir de saillir et d'engrosser, et se familiarisant avec la démesure, elle ne craint pas, elle n'a pas honte de poursuivre un plaisir contre nature. » (*Phèdre*, 250 E.) De toute façon — nous le verrons plus loin en détail — la tâche de l'âme, même ayant eu une vision assez satisfaisante des Idées, demeure fort malaisée; elle se révèle d'autant plus délicate que la nature ontologique de cette âme n'est point tout entière d'une essence identique à celle du monde idéal, ainsi que nous allons nous en apercevoir en étudiant la signification du mythe de l'attelage ailé.

cours de son œuvre, entre autres à partir du *Parménide*, a tenté de réduire le dualisme entre l'Idée et la matière. En dépit des rapports que le philosophe athénien déclare découvrir entre le monde idéal et l'univers sensible, il n'en continue pas moins d'affirmer l'hétérogénéité ontologique de « ce qui reste immuable » et de « ce qui est voué à la naissance et à la mort ». A ses yeux, d'un bout à l'autre de son œuvre, les données du problème demeurent, à savoir « comment chacune (des réalités idéales), éternellement identique à elle-même, et soustraite à la naissance et à la mort, peut garder en son tout son unité inébranlable encore que, après cela, on la doive poser dans les choses qui deviennent et dans leur infinité, soit comme dispersée et multipliée, soit... comme toute entière coupée d'elle-même et se réalisant ainsi, unique et identique, à la fois dans l'unité et la multiplicité » (*Philèbe*, 15 C.)

Tout en ne se cachant pas les difficultés de maintenir simultanément la transcendance et l'immanence des réalités idéales par rapport au monde sensible, Platon, on le voit, s'attache à maintenir le caractère ontologiquement hétérogène de l'Idée vis-à-vis de l'univers matériel en dépit de leurs rapports indéniables.

Lorsque Platon symbolise la nature de l'âme humaine par l'image d'un char dont le cocher guide un couple de deux chevaux [5], il veut dire par là indéniablement, qu'elle n'est point composée d'un principe ontologique unique,

---

[5] Léon Robin, dans son introduction au *Phèdre* (éd. Les Belles Lettres, Paris, 1947, p. LXXIX, n. 2), signale que l'image de l'attelage ailé trouve peut-être son origine, ainsi que Ch. Picard le lui a suggéré, « dans des représentations figurées comme celles des deux petites faces du sacorphage d'Hagia-Triada (qui remonte au Minoen récent II, environ 1450 avant Jésus-Christ) ou de peintures sur certains vases des Cyclades (VIe siècle) au Musée d'Athènes ». Mais notre commentateur précise aussitôt que « l'âme

mais qu'elle se constitue au contraire d'un ensemble d'éléments hétérogènes; qui plus est, dans la mesure où Socrate insiste sur l'opposition des caractères des deux chevaux — l'un se montrant docile, l'autre rétif — Platon veut sans nul doute possible souligner l'hétérogénéité des principes ontologiques dont se constitue l'âme humaine; il n'entend pas seulement exprimer l'idée qu'elle apparaît comme la résultante d'un mélange, mais qu'elle est en quelque sorte divisée au plus intime de son essence; dans cette perspective, il est éclairant, nous semble-t-il, d'opposer l'attelage de l'âme humaine et celui dont disposent les dieux. L'un et l'autre possèdent deux chevaux sous la conduite d'un cocher, mais alors que la discorde règne, ainsi que nous l'avons vu, entre les coursiers de l'âme, « les dieux ont des chevaux, des cochers qui, tous, sont eux-mêmes bons, composés de bons éléments ». (246 AB.)

C'est pourquoi, lorsqu'il s'agit d'entreprendre l'ascension qui permettra d'acquérir une connaissance du monde idéal, tandis que pour l'âme humaine cette tâche est rendue très difficile, au contraire, pour « les attelages qui portent les dieux, comme la façon dont ils sont équilibrés les rend faciles à conduire, la montée est aisée ». (247 B.) Dès lors, « ils sont nombreux et béatifiques les spectacles » qui s'offrent à « l'heureuse race des dieux ». (247 A.)

n'y est pas figurée, comme (dans le *Phèdre*), par l'ensemble des chevaux et du cocher sur son char; elle est sur le char la compagne du cocher ». Ainsi que nous le verrons plus loin, en dépit des apparences, l'image platonicienne se révèle très différente des figures dont certains commentateurs déclarent qu'elles ont inspiré le disciple de Socrate. La signification philosophique d'une âme à côté d'un cocher qu'elle guide et accompagne, et celle où l'âme est elle-même tout à la fois le conducteur et les chevaux, apparaissent très dissemblables l'une de l'autre dans la mesure où la première image peut symboliser l'union de l'âme et du corps tandis que la seconde ne concerne que l'âme seule.

Platon le souligne : la nature de l'âme humaine et celle des dieux se constituent l'une et l'autre d'un amalgame — ou « mélange » — d'éléments; mais alors que ceux dont se composent les divinités se révèlent tous excellents, il n'en va pas ainsi pour l'âme humaine : une disparité fondamentale existe au sein de celle-ci que symbolise la mésentente des chevaux [6].

Une telle disparité apparaît en toute lumière dans les difficultés que l'âme éprouve au moment où le reflet de la beauté idéale dans un objet du monde sensible la « met hors d'elle-même sans bien comprendre ce qu'il lui arrive »; à ce moment, la discorde des chevaux éclate au grand jour;

---

[6] Pour souligner l'opposition de leurs caractères, Socrate pousse fort loin l'usage de la comparaison imagée; à ses yeux, « le premier des deux (chevaux) — celui dont la condition est la plus belle — a le port droit; il est bien découplé, il a l'encolure haute, la ligne du chanfrein (des oreilles au naseau) légèrement courbe; son pelage est blanc, ses yeux noirs... Le second, par contre, est de travers, massif; il est bâti on ne sait comment; il a l'encolure épaisse, la nuque courte, le masque camard; sa couleur est noire et ses yeux gris, sa complexion plutôt sanguine, ses oreilles poilues. » (253 DE.) On le voit : Socrate n'hésite point à décrire d'une manière très précise et très naturaliste les deux chevaux de l'attelage comme le ferait un maquignon de deux bêtes réelles, au marché. Poussant ainsi l'image jusqu'au bout, le maître de Platon use d'un vocabulaire technique approprié. Il tire ensuite les conséquences du caractère physique des deux chevaux : « Le premier est amoureux d'une gloire qu'accompagnent modération et réserve; pour être conduit, il n'a pas besoin qu'on le frappe : c'est assez d'un encouragement ou d'une parole. » Quant au second, « compagnon de la démesure et de la gloriole,... c'est à peine si le fouet garni de pointes le fait obéir. » (253 DE.) On le voit : tandis que le premier des chevaux témoigne d'une maîtrise qui lui permet de se conduire lui-même (au sens figuré comme au sens strict du terme) quasiment sans l'aide du cocher, le second, au contraire, se révèle totalement dépourvu d'auto-contrôle, de telle sorte qu'il se laisse aveuglément entraîner par ses passions irraisonnées et n'obéit à la longue que sous la contrainte, toujours plus violente, du cocher.

le cocher rencontre les difficultés les plus considérables lorsqu'il entend se faire obéir. A l'apparition du bel objet, reflet de la Beauté idéale, le conducteur se souvient de celle-ci, « un mélange de crainte et d'effroi, de vénération et de respect l'a fait se renverser en arrière; du coup, il a été forcé de tirer par devers lui les rênes avec une telle vigueur qu'il a fait s'abattre les chevaux sur la croupe, l'un et l'autre : l'un, sans contrainte parce qu'il ne se raidit pas; l'autre, le révolté, en le contraignant rudement. Tandis qu'ils se retirent plus loin, l'un, sous la honte et l'effroi, mouille de sueur l'âme tout entière; mais l'autre, une fois passé la souffrance que lui ont fait endurer le mors et sa chute, n'a pas encore repris haleine que déjà sa colère se répand en invectives et qu'il abreuve de ses reproches le cocher ainsi que son compagnon d'attelage ». (254 BC.) Impatient, en proie à la démesure, le cheval rétif veut brûler les étapes en s'élançant avec une impétuosité irréfléchie vers le bel objet : « il se penche en avant sur lui, il déploie sa queue, il mâchonne le mors, il hennit, il tire sans vergogne ». (254 D.) Le cocher, toutefois, plus raisonnable, quoique éprouvant un désir plus vif encore, se modère et « se renverse; avec plus de violence encore, il ramène le mors en arrière et, l'arrachant des dents du cheval révolté, il ensanglante la bouche injurieuse et les mâchoires de celui-ci; forçant ses jambes et sa croupe à toucher terre, il le livre aux douleurs ». (254 E.) Le cocher soumet la bête rétive à cette peine disciplinaire autant de fois qu'il le faut jusqu'à ce que, domptée, elle suive « désormais, l'échine basse, la décision réfléchie du cocher et se meure d'effroi à la vue du bel objet ». En conséquence, « l'âme de l'amoureux est désormais pleine de réserve autant que de crainte, quand elle se fait suivante du bien-aimé ». (254 E.)

La leçon essentielle que nous pouvons tirer du mythe de l'âme humaine dans le *Phèdre* pourrait se résumer en peu de mots : cette âme, à l'encontre des réalités idéales et des créatures divines, se constitue d'un mélange ontologique hétérogène qui fait en sorte qu'en dépit de son indéniable parenté avec l'Idée, elle possède une essence profondément divisée au plus intime d'elle-même. Le mélange des éléments qui la composent, loin d'être uniforme, se révèle tout en contrastes; en conséquence de quoi, l'âme subit, si nous osons dire, de graves distorsions, elle rencontre de pénibles difficultés dans son ascension vers le monde idéal; certes, tout d'elle-même (le cocher et ses deux chevaux) aspire à la vision de l'Idée, certes, tous les éléments qui la constituent tendent vers le même but; ce qui les sépare et leur cause de gros soucis, c'est la manière de l'atteindre : tandis que les uns agissent avec modération et témoignent d'une sage discipline, l'autre se laisse vaincre par son impétuosité et compromet gravement par son ardeur désordonnée le succès de la démarche commune. Ce n'est qu'au prix de lourdes souffrances que la concorde se fait, fruit d'un équilibre toujours instable et sans cesse remis en question.

Cette tension à l'intérieur de l'homme, cette déchirure au plus intime de l'être humain, telles que Platon les expose dans cette admirable mythe du *Phèdre*, ne correspondent-elles pas à l'une de nos expériences psychologiques fondamentales et ne dévoilent-elles pas notre plus secrète blessure, celle que nous portons comme un chancre tout au long de notre vie d'homme, cette vie tendue vers l'immuable mais vouée à la tribulation et à la mort. Ne se situent-elles point à la racine de notre être, tout à la fois promesse d'une unité à conquérir et témoignage de notre précarité ontologique ? " To be or not to be, that is the question "...

TABLE DES MATIERES